公共服务与健康法律法规学习读本

公共服务法律法规

李 勇 主编

加大全民普法力度，建设社会主义法治文化，树立宪法法律至上、法律面前人人平等的法治理念。

——中国共产党第十九次全国代表大会《决胜全面建成小康社会 夺取新时代中国特色社会主义伟大胜利》

汕头大学出版社

图书在版编目（CIP）数据

公共服务法律法规／李勇主编．－－汕头：汕头大学出版社（2021．7重印）

（公共服务与健康法律法规学习读本）

ISBN 978-7-5658-3678-7

Ⅰ．①公… Ⅱ．①李… Ⅲ．①公共服务-行政法-基本知识-中国 Ⅳ．①D922．181．4

中国版本图书馆 CIP 数据核字（2018）第 139947 号

公共服务法律法规　GONGGONG FUWU FALÜ FAGUI

主　　编：	李　勇
责任编辑：	邹　峰
责任技编：	黄东生
封面设计：	大华文苑
出版发行：	汕头大学出版社
	广东省汕头市大学路 243 号汕头大学校园内　邮政编码：515063
电　　话：	0754-82904613
印　　刷：	三河市南阳印刷有限公司
开　　本：	690mm×960mm 1/16
印　　张：	18
字　　数：	226 千字
版　　次：	2018 年 7 月第 1 版
印　　次：	2021 年 7 月第 2 次印刷
定　　价：	59.60 元（全 2 册）

ISBN 978-7-5658-3678-7

版权所有，翻版必究

如发现印装质量问题，请与承印厂联系退换

前　言

习近平总书记指出："推进全民守法，必须着力增强全民法治观念。要坚持把全民普法和守法作为依法治国的长期基础性工作，采取有力措施加强法制宣传教育。要坚持法治教育从娃娃抓起，把法治教育纳入国民教育体系和精神文明创建内容，由易到难、循序渐进不断增强青少年的规则意识。要健全公民和组织守法信用记录，完善守法诚信褒奖机制和违法失信行为惩戒机制，形成守法光荣、违法可耻的社会氛围，使遵法守法成为全体人民共同追求和自觉行动。"

中共中央、国务院曾经转发了中央宣传部、司法部关于在公民中开展法治宣传教育的规划，并发出通知，要求各地区各部门结合实际认真贯彻执行。通知指出，全民普法和守法是依法治国的长期基础性工作。深入开展法治宣传教育，是全面建成小康社会和新农村的重要保障。

普法规划指出：各地区各部门要根据实际需要，从不同群体的特点出发，因地制宜开展有特色的法治宣传教育坚持集中法治宣传教育与经常性法治宣传教育相结合，深化法律进机关、进乡村、进社区、进学校、进企业、进单位的"法律六进"主题活动，完善工作标准，建立长效机制。

特别是农业、农村和农民问题，始终是关系党和人民事业发展的全局性和根本性问题。党中央、国务院发布的《关于推进社会主义新农村建设的若干意见》中明确提出要"加强农村法制建设，深入开展农村普法教育，增强农民的法制观念，提高农民依法行使权利和履行义务的自觉性。"多年普法实践证明，普及法律知识，提高法制观念,增强全社会依法办事意识具有重要作用。特别是在广大农村进行普法教育,是提高全民法律素质的需要。

多年来,我国在农村实行的改革开放取得了极大成功,农村发生了翻天覆地的变化,广大农民生活水平大大得到了提高。但是,由于历史和社会等原因,现阶段我国一些地区农民文化素质还不高,不学法、不懂法、不守法现象虽然较原来有所改变,但仍有相当一部分群众的法制观念仍很淡化,不懂、不愿借助法律来保护自身权益,这就极易受到不法的侵害,或极易进行违法犯罪活动,严重阻碍了全面建成小康社会和新农村步伐。

为此,根据党和政府的指示精神以及普法规划,特别是根据广大农村农民的现状,在有关部门和专家的指导下,特别编辑了这套《全国普法学习读本》。主要包括了广大人民群众应知应懂、实际实用的法律法规。为了辅导学习,附录还收入了相应法律法规的条例准则、实施细则、解读解答、案例分析等;同时为了突出法律法规的实际实用特点,兼顾地方性和特殊性,附录还收入了部分某些地方性法律法规以及非法律法规的政策文件、管理制度、应用表格等内容,拓展了本书的知识范围,使法律法规更"接地气",便于读者学习掌握和实际应用。

在众多法律法规中,我们通过甄别,淘汰了废止的,精选了最新的、权威的和全面的。但有部分法律法规有些条款不适应当下情况了,却没有颁布新的,我们又不能擅自改动,只得保留原有条款,但附录却有相应的补充修改意见或通知等。众多法律法规根据不同内容和受众特点,经过归类组合,优化配套。整套普法读本非常全面系统,具有很强的学习性、实用性和指导性,非常适合用于广大农村和城乡普法学习教育与实践指导。总之,是全国全民普法的良好读本。

目 录

中华人民共和国公共文化服务保障法

第一章　总　则 …………………………………………（1）
第二章　公共文化设施建设与管理 ……………………（3）
第三章　公共文化服务提供 ……………………………（5）
第四章　保障措施 ………………………………………（8）
第五章　法律责任 ………………………………………（10）
第六章　附　则 …………………………………………（11）

公共服务最新政策

"十三五"推进基本公共服务均等化规划 ……………（12）
关于加快构建现代公共文化服务体系的意见 ………（80）
人力资源社会保障部关于加强和改进人力资源社会保障领域
　公共服务的意见 ……………………………………（92）
人力资源社会保障部办公厅关于推进公共就业
　服务专业化的意见 …………………………………（100）
关于稳步推进城乡交通运输一体化提升公共服务水平的
　指导意见 ……………………………………………（105）

城市公共汽车和电车客运管理规定

第一章　总　则 …………………………………………（112）
第二章　规划与建设 ……………………………………（114）
第三章　运营管理 ………………………………………（115）

— 1 —

第四章 运营服务	(117)
第五章 运营安全	(121)
第六章 监督检查	(123)
第七章 法律责任	(125)
第八章 附　则	(126)

基础设施和公用事业特许经营管理办法

第一章 总　则	(128)
第二章 特许经营协议订立	(129)
第三章 特许经营协议履行	(133)
第四章 特许经营协议变更和终止	(135)
第五章 监督管理和公共利益保障	(135)
第六章 争议解决	(137)
第七章 法律责任	(137)
第八章 附　则	(138)

中华人民共和国公共文化服务保障法

中华人民共和国主席令
第六十号

《中华人民共和国公共文化服务保障法》已由中华人民共和国第十二届全国人民代表大会常务委员会第二十五次会议于2016年12月25日通过，现予公布，自2017年3月1日起施行。

中华人民共和国主席　习近平
2016年12月25日

第一章　总　则

第一条　为了加强公共文化服务体系建设，丰富人民群众精神文化生活，传承中华优秀传统文化，弘扬社会主义核心价值观，增强文化自信，促进中国特色社会主义文化繁荣发展，提高全民族文明素质，制定本法。

第二条　本法所称公共文化服务，是指由政府主导、社会力量参与，以满足公民基本文化需求为主要目的而提供的公共文化设施、文化产品、文化活动以及其他相关服务。

第三条 公共文化服务应当坚持社会主义先进文化前进方向，坚持以人民为中心，坚持以社会主义核心价值观为引领；应当按照"百花齐放、百家争鸣"的方针，支持优秀公共文化产品的创作生产，丰富公共文化服务内容。

第四条 县级以上人民政府应当将公共文化服务纳入本级国民经济和社会发展规划，按照公益性、基本性、均等性、便利性的要求，加强公共文化设施建设，完善公共文化服务体系，提高公共文化服务效能。

第五条 国务院根据公民基本文化需求和经济社会发展水平，制定并调整国家基本公共文化服务指导标准。

省、自治区、直辖市人民政府根据国家基本公共文化服务指导标准，结合当地实际需求、财政能力和文化特色，制定并调整本行政区域的基本公共文化服务实施标准。

第六条 国务院建立公共文化服务综合协调机制，指导、协调、推动全国公共文化服务工作。国务院文化主管部门承担综合协调具体职责。

地方各级人民政府应当加强对公共文化服务的统筹协调，推动实现共建共享。

第七条 国务院文化主管部门、新闻出版广电主管部门依照本法和国务院规定的职责负责全国的公共文化服务工作；国务院其他有关部门在各自职责范围内负责相关公共文化服务工作。

县级以上地方人民政府文化、新闻出版广电主管部门根据其职责负责本行政区域内的公共文化服务工作；县级以上地方人民政府其他有关部门在各自职责范围内负责相关公共文化服务工作。

第八条 国家扶助革命老区、民族地区、边疆地区、贫困地区的公共文化服务，促进公共文化服务均衡协调发展。

第九条　各级人民政府应当根据未成年人、老年人、残疾人和流动人口等群体的特点与需求，提供相应的公共文化服务。

第十条　国家鼓励和支持公共文化服务与学校教育相结合，充分发挥公共文化服务的社会教育功能，提高青少年思想道德和科学文化素质。

第十一条　国家鼓励和支持发挥科技在公共文化服务中的作用，推动运用现代信息技术和传播技术，提高公众的科学素养和公共文化服务水平。

第十二条　国家鼓励和支持在公共文化服务领域开展国际合作与交流。

第十三条　国家鼓励和支持公民、法人和其他组织参与公共文化服务。

对在公共文化服务中作出突出贡献的公民、法人和其他组织，依法给予表彰和奖励。

第二章　公共文化设施建设与管理

第十四条　本法所称公共文化设施是指用于提供公共文化服务的建筑物、场地和设备，主要包括图书馆、博物馆、文化馆（站）、美术馆、科技馆、纪念馆、体育场馆、工人文化宫、青少年宫、妇女儿童活动中心、老年人活动中心、乡镇（街道）和村（社区）基层综合性文化服务中心、农家（职工）书屋、公共阅报栏（屏）、广播电视播出传输覆盖设施、公共数字文化服务点等。

县级以上地方人民政府应当将本行政区域内的公共文化设施目录及有关信息予以公布。

第十五条　县级以上地方人民政府应当将公共文化设施建设纳入本级城乡规划，根据国家基本公共文化服务指导标准、省级基本公共文化服务实施标准，结合当地经济社会发展水平、人口状况、环境条件、文化特色，合理确定公共文化设施的种类、数量、规模以及布局，形成场馆服务、流动服务和数字服务相结合的公共文化设施网络。

公共文化设施的选址，应当征求公众意见，符合公共文化设施的功能和特点，有利于发挥其作用。

第十六条 公共文化设施的建设用地，应当符合土地利用总体规划和城乡规划，并依照法定程序审批。

任何单位和个人不得侵占公共文化设施建设用地或者擅自改变其用途。因特殊情况需要调整公共文化设施建设用地的，应当重新确定建设用地。调整后的公共文化设施建设用地不得少于原有面积。

新建、改建、扩建居民住宅区，应当按照有关规定、标准，规划和建设配套的公共文化设施。

第十七条 公共文化设施的设计和建设，应当符合实用、安全、科学、美观、环保、节约的要求和国家规定的标准，并配置无障碍设施设备。

第十八条 地方各级人民政府可以采取新建、改建、扩建、合建、租赁、利用现有公共设施等多种方式，加强乡镇（街道）、村（社区）基层综合性文化服务中心建设，推动基层有关公共设施的统一管理、综合利用，并保障其正常运行。

第十九条 任何单位和个人不得擅自拆除公共文化设施，不得擅自改变公共文化设施的功能、用途或者妨碍其正常运行，不得侵占、挪用公共文化设施，不得将公共文化设施用于与公共文化服务无关的商业经营活动。

因城乡建设确需拆除公共文化设施，或者改变其功能、用途的，应当依照有关法律、行政法规的规定重建、改建，并坚持先建设后拆除或者建设拆除同时进行的原则。重建、改建的公共文化设施的设施配置标准、建筑面积等不得降低。

第二十条 公共文化设施管理单位应当按照国家规定的标准，配置和更新必需的服务内容和设备，加强公共文化设施经常性维护管理工作，保障公共文化设施的正常使用和运转。

第二十一条 公共文化设施管理单位应当建立健全管理制度和服务规范，建立公共文化设施资产统计报告制度和公共文化服务开展情况的年报制度。

第二十二条 公共文化设施管理单位应当建立健全安全管理制度，开展公共文化设施及公众活动的安全评价，依法配备安全保护设备和人员，保障公共文化设施和公众活动安全。

第二十三条 各级人民政府应当建立有公众参与的公共文化设施使用效能考核评价制度，公共文化设施管理单位应当根据评价结果改进工作，提高服务质量。

第二十四条 国家推动公共图书馆、博物馆、文化馆等公共文化设施管理单位根据其功能定位建立健全法人治理结构，吸收有关方面代表、专业人士和公众参与管理。

第二十五条 国家鼓励和支持公民、法人和其他组织兴建、捐建或者与政府部门合作建设公共文化设施，鼓励公民、法人和其他组织依法参与公共文化设施的运营和管理。

第二十六条 公众在使用公共文化设施时，应当遵守公共秩序，爱护公共设施，不得损坏公共设施设备和物品。

第三章 公共文化服务提供

第二十七条 各级人民政府应当充分利用公共文化设施，促进优秀公共文化产品的提供和传播，支持开展全民阅读、全民普法、全民健身、全民科普和艺术普及、优秀传统文化传承活动。

第二十八条 设区的市级、县级地方人民政府应当根据国家基本公共文化服务指导标准和省、自治区、直辖市基本公共文化服实施标准，结合当地实际，制定公布本行政区域公共文化服务目录并组织实施。

第二十九条 公益性文化单位应当完善服务项目、丰富服务内容，创造条件向公众提供免费或者优惠的文艺演出、陈列展览、电影放映、广播电视节目收听收看、阅读服务、艺术培训等，并为公众开展文化活动提供支持和帮助。

国家鼓励经营性文化单位提供免费或者优惠的公共文化产品和文化活动。

第三十条 基层综合性文化服务中心应当加强资源整合，建立完善公共文化服务网络，充分发挥统筹服务功能，为公众提供书报阅读、影视观赏、戏曲表演、普法教育、艺术普及、科学普及、广播播送、互联网上网和群众性文化体育活动等公共文化服务，并根据其功能特点，因地制宜提供其他公共服务。

第三十一条 公共文化设施应当根据其功能、特点，按照国家有关规定，向公众免费或者优惠开放。

公共文化设施开放收取费用的，应当每月定期向中小学生免费开放。

公共文化设施开放或者提供培训服务等收取费用的，应当报经县级以上人民政府有关部门批准；收取的费用，应当用于公共文化设施的维护、管理和事业发展，不得挪作他用。

公共文化设施管理单位应当公示服务项目和开放时间；临时停止开放的，应当及时公告。

第三十二条 国家鼓励和支持机关、学校、企业事业单位的文化体育设施向公众开放。

第三十三条 国家统筹规划公共数字文化建设，构建标准统一、互联互通的公共数字文化服务网络，建设公共文化信息资源库，实现基层网络服务共建共享。

国家支持开发数字文化产品，推动利用宽带互联网、移动互联网、广播电视网和卫星网络提供公共文化服务。

地方各级人民政府应当加强基层公共文化设施的数字化和网络建设，提高数字化和网络服务能力。

第三十四条 地方各级人民政府应当采取多种方式，因地制宜提供流动文化服务。

第三十五条 国家重点增加农村地区图书、报刊、戏曲、电影、广播电视节目、网络信息内容、节庆活动、体育健身活动等公共文化产品供给，促进城乡公共文化服务均等化。

面向农村提供的图书、报刊、电影等公共文化产品应当符合农村特点和需求，提高针对性和时效性。

第三十六条 地方各级人民政府应当根据当地实际情况，在人员流动量较大的公共场所、务工人员较为集中的区域以及留守妇女儿童较为集中的农村地区，配备必要的设施，采取多种形式，提供便利可及的公共文化服务。

第三十七条 国家鼓励公民主动参与公共文化服务，自主开展健康文明的群众性文化体育活动；地方各级人民政府应当给予必要的指导、支持和帮助。

居民委员会、村民委员会应当根据居民的需求开展群众性文化体育活动，并协助当地人民政府有关部门开展公共文化服务相关工作。

国家机关、社会组织、企业事业单位应当结合自身特点和需要，组织开展群众性文化体育活动，丰富职工文化生活。

第三十八条 地方各级人民政府应当加强面向在校学生的公共文化服务，支持学校开展适合在校学生特点的文化体育活动，促进德智体美教育。

第三十九条 地方各级人民政府应当支持军队基层文化建设，丰富军营文化体育活动，加强军民文化融合。

第四十条 国家加强民族语言文字文化产品的供给，加强优秀公共文化产品的民族语言文字译制及其在民族地区的传播，鼓励和扶助民族文化产品的创作生产，支持开展具有民族特色的群众性文化体育活动。

第四十一条 国务院和省、自治区、直辖市人民政府制定政府购买公共文化服务的指导性意见和目录。国务院有关部门和县级以上地方人民政府应当根据指导性意见和目录，结合实际情况，确定购买的具体项目和内容，及时向社会公布。

第四十二条 国家鼓励和支持公民、法人和其他组织通过兴办实体、资助项目、赞助活动、提供设施、捐赠产品等方式，参与提供公共文化服务。

第四十三条 国家倡导和鼓励公民、法人和其他组织参与文化志愿服务。

公共文化设施管理单位应当建立文化志愿服务机制，组织开展文化志愿服务活动。

县级以上地方人民政府有关部门应当对文化志愿活动给予必要的指导和支持，并建立管理评价、教育培训和激励保障机制。

第四十四条 任何组织和个人不得利用公共文化设施、文化产品、文化活动以及其他相关服务，从事危害国家安全、损害社会公共利益和其他违反法律法规的活动。

第四章　保障措施

第四十五条 国务院和地方各级人民政府应当根据公共文化服务的事权和支出责任，将公共文化服务经费纳入本级预算，安排公共文化服务所需资金。

第四十六条 国务院和省、自治区、直辖市人民政府应当增加投入，通过转移支付等方式，重点扶助革命老区、民族地区、边疆地区、贫困地区开展公共文化服务。

国家鼓励和支持经济发达地区对革命老区、民族地区、边疆地区、贫困地区的公共文化服务提供援助。

第四十七条 免费或者优惠开放的公共文化设施,按照国家规定享受补助。

第四十八条 国家鼓励社会资本依法投入公共文化服务,拓宽公共文化服务资金来源渠道。

第四十九条 国家采取政府购买服务等措施,支持公民、法人和其他组织参与提供公共文化服务。

第五十条 公民、法人和其他组织通过公益性社会团体或者县级以上人民政府及其部门,捐赠财产用于公共文化服务的,依法享受税收优惠。

国家鼓励通过捐赠等方式设立公共文化服务基金,专门用于公共文化服务。

第五十一条 地方各级人民政府应当按照公共文化设施的功能、任务和服务人口规模,合理设置公共文化服务岗位,配备相应专业人员。

第五十二条 国家鼓励和支持文化专业人员、高校毕业生和志愿者到基层从事公共文化服务工作。

第五十三条 国家鼓励和支持公民、法人和其他组织依法成立公共文化服务领域的社会组织,推动公共文化服务社会化、专业化发展。

第五十四条 国家支持公共文化服务理论研究,加强多层次专业人才教育和培训。

第五十五条 县级以上人民政府应当建立健全公共文化服务资金使用的监督和统计公告制度,加强绩效考评,确保资金用于公共文化服务。任何单位和个人不得侵占、挪用公共文化服务资金。

审计机关应当依法加强对公共文化服务资金的审计监督。

第五十六条 各级人民政府应当加强对公共文化服务工作的监

督检查，建立反映公众文化需求的征询反馈制度和有公众参与的公共文化服务考核评价制度，并将考核评价结果作为确定补贴或者奖励的依据。

第五十七条　各级人民政府及有关部门应当及时公开公共文化服务信息，主动接受社会监督。

新闻媒体应当积极开展公共文化服务的宣传报道，并加强舆论监督。

第五章　法律责任

第五十八条　违反本法规定，地方各级人民政府和县级以上人民政府有关部门未履行公共文化服务保障职责的，由其上级机关或者监察机关责令限期改正；情节严重的，对直接负责的主管人员和其他直接责任人员依法给予处分。

第五十九条　违反本法规定，地方各级人民政府和县级以上人民政府有关部门，有下列行为之一的，由其上级机关或者监察机关责令限期改正；情节严重的，对直接负责的主管人员和其他直接责任人员依法给予处分：

（一）侵占、挪用公共文化服务资金的；

（二）擅自拆除、侵占、挪用公共文化设施，或者改变其功能、用途，或者妨碍其正常运行的；

（三）未依照本法规定重建公共文化设施的；

（四）滥用职权、玩忽职守、徇私舞弊的。

第六十条　违反本法规定，侵占公共文化设施的建设用地或者擅自改变其用途的，由县级以上地方人民政府土地主管部门、城乡规划主管部门依据各自职责责令限期改正；逾期不改正的，由作出决定的机关依法强制执行，或者依法申请人民法院强制执行。

第六十一条　违反本法规定，公共文化设施管理单位有下列情形之一的，由其主管部门责令限期改正；造成严重后果的，对直接负责的主管人员和其他直接责任人员，依法给予处分：

（一）未按照规定对公众开放的；

（二）未公示服务项目、开放时间等事项的；

（三）未建立安全管理制度的；

（四）因管理不善造成损失的。

第六十二条　违反本法规定，公共文化设施管理单位有下列行为之一的，由其主管部门或者价格主管部门责令限期改正，没收违法所得，违法所得五千元以上的，并处违法所得两倍以上五倍以下罚款；没有违法所得或者违法所得五千元以下的，可以处一万元以下的罚款；对直接负责的主管人员和其他直接责任人员，依法给予处分：

（一）开展与公共文化设施功能、用途不符的服务活动的；

（二）对应当免费开放的公共文化设施收费或者变相收费的；

（三）收取费用未用于公共文化设施的维护、管理和事业发展，挪作他用的。

第六十三条　违反本法规定，损害他人民事权益的，依法承担民事责任；构成违反治安管理行为的，由公安机关依法给予治安管理处罚；构成犯罪的，依法追究刑事责任。

第六章　附　则

第六十四条　境外自然人、法人和其他组织在中国境内从事公共文化服务的，应当符合相关法律、行政法规的规定。

第六十五条　本法自2017年3月1日起施行。

公共服务最新政策

"十三五"推进基本公共服务均等化规划

国务院关于印发
"十三五"推进基本公共服务均等化规划的通知
国发〔2017〕9号

各省、自治区、直辖市人民政府,国务院各部委、各直属机构:

现将《"十三五"推进基本公共服务均等化规划》印发给你们,请认真贯彻执行。

国务院
2017年1月23日

基本公共服务是由政府主导、保障全体公民生存和发展基本需要、与经济社会发展水平相适应的公共服务。基本公共服务均等化是指全体公民都能公平可及地获得大致均等的基本公共服务,其核心是促进机会均等,重点是保障人民群众得到基本公共服务的机会，而不是简单的平均化。享有基本公共服务是公民的基本权利，保障人人享有基本公共服务是政府的重要职责。推进基本公共服务均等化，是全面建成小康社会的应有之义，对于促进社会公平正义、增进人民福祉、增强全体人民在共建共享发展中的获得感、实现中华民族伟大复兴的中国梦，都具有十分重要的意义。

本规划依据《中华人民共和国国民经济和社会发展第十三个五年规划纲要》编制，是"十三五"乃至更长一段时期推进基本公共服务体系建设的综合性、基础性、指导性文件。

第一章 规划背景

第一节 发展基础

"十二五"以来，我国已初步构建起覆盖全民的国家基本公共服务制度体系，各级各类基本公共服务设施不断改善，国家基本公共服务项目和标准得到全面落实，保障能力和群众满意度进一步提升。截至2015年，义务教育均衡发展深入推进，国民受教育机会显著增加，九年义务教育巩固率达到93%，进城务工人员随迁子女在流入地公办学校就读的比例超过80%；实施就业优先战略，公共就业创业服务和职业培训不断强化，全国就业人员达到77451万人，劳动者参加就业技能培训后就业率平均达70%以上；覆盖城乡的社会保障体系进一步健全，城乡居民养老保险制度实现整合，保障水平稳步提高，社会服务体系继续完善，临时救助制度全面实施，残疾人小康进程加快推进；基本公共卫生服务项目增加到12类，全民医保体系加快健全，基本医保参保率超过95%，大病保险覆盖全部城乡居民医保参保人员，国家基本公共卫生服务经费和城乡居民基本医疗保险补助标准分别提高到每人每年40元和380元，人民健康水平总体上达到中高收入国家平均水平；城镇保障性安居工程和农村危房改造力度加大，全国累计开工城镇保障性安居工程住房4013万套、其中改造棚户区住房2191万套,改造农村危房1794万户;现代公共文化服务体系建设积极推进,农村公共文化服务能力增强,全民健身活动蓬勃开展,广播、电视人口综合覆盖率均达到98%。

同时,我国基本公共服务还存在规模不足、质量不高、发展不平衡等短板,突出表现在:城乡区域间资源配置不均衡,硬件软件不协调,服务水平差异较大;基层设施不足和利用不够并存,人才短缺严重;一些服务项目存在覆盖盲区,尚未有效惠及全部流动人口和困难群体;体制机制创新滞后,社会力量参与不足。

第二节 发展环境

"十三五"时期是全面建成小康社会的决胜阶段,我国发展仍处于可以大有作为的重要战略机遇期,完善国家基本公共服务体系、推动基本公共服务均等化水平稳步提升,面临新的机遇和挑战。

——经济进入新常态。经济增长从高速转向中高速,经济结构深度调整,发展动力加快转换,保民生兜底线的任务更加艰巨。同时民生持续改善也会为经济发展创造更多有效需求,为推进供给侧结构性改革提供强大内生动力。

——人口形成新结构。人口总量增长势头明显减弱,劳动年龄人口减少,人口老龄化加速,老年抚养比上升,新型城镇化推动城乡人口结构变化,对公共服务供给结构、资源布局、覆盖人群等带来较大影响。

——社会呈现新特征。社会结构深刻变动、利益格局深刻调整,人民群众的公平意识、民主意识、权利意识不断增强,合理引导社会预期、加快基本公共服务均等化任务更加艰巨。

——消费体现新需求。中等收入群体规模不断扩大,群众提高生活水平和改善生活质量的愿望更加强烈，消费需求更加多样化多层次，提高公共服务供给质量和水平的要求更加紧迫。

——科技孕育新突破。新一轮科技革命和产业变革正在兴起，移动互联网、物联网、大数据、云计算等技术快速发展，推动公共服务新业态不断发展、供给方式不断创新、服务模式更加丰富。

第二章　指导思想和主要目标

第一节　指导思想

高举中国特色社会主义伟大旗帜，全面贯彻党的十八大和十八届三中、四中、五中、六中全会精神，深入贯彻习近平总书记系列重要讲话精神和治国理政新理念新思想新战略，认真落实党中央、国务院决策部署，统筹推进"五位一体"总体布局和协调推进"四个全面"战略布局，牢固树立和贯彻落实新发展理念，坚持以人民为中心的发展思想，坚持以社会主义核心价值观为引领，从解决人民群众最关心最直接最现实的利益问题入手，以普惠性、保基本、均等化、可持续为方向，健全国家基本公共服务制度，完善服务项目和基本标准，强化公共资源投入保障，提高共建能力和共享水平，努力提升人民群众的获得感、公平感、安全感和幸福感，实现全体人民共同迈入全面小康社会。

——兜住底线，引导预期。立足基本国情，充分发挥基本公共服务兜底作用，牢牢把握服务项目，严格落实服务指导标准。坚持尽力而为、量力而行，合理引导社会预期，通过人人参与、人人尽力，实现人人共享。

——统筹资源，促进均等。统筹运用各领域各层级公共资源，推进科学布局、均衡配置和优化整合。加大基本公共服务投入力度，向贫困地区、薄弱环节、重点人群倾斜，推动城乡区域人群均等享有和协调发展。

——政府主责,共享发展。深化简政放权、放管结合、优化服务改革,划清政府与市场界限,增强政府基本公共服务职责,合理划分政府财政事权和支出责任,强化公共财政保障和监督问责。充分发挥市场机制作用,支持各类主体平等参与并提供服务,形成扩大供给合力。

——完善制度,改革创新。推进基本公共服务均等化、标准化、法制化,促进制度更加规范。加快转变政府职能,创新服务提供方式,消除体制机制障碍,全面提升基本公共服务质量、效益和群众满意度。

第二节 主要目标

到2020年,基本公共服务体系更加完善,体制机制更加健全,在学有所教、劳有所得、病有所医、老有所养、住有所居等方面持续取得新进展,基本公共服务均等化总体实现。

——均等化水平稳步提高。城乡区域间基本公共服务大体均衡,贫困地区基本公共服务主要领域指标接近全国平均水平,广大群众享有基本公共服务的可及性显著提高。

——标准体系全面建立。国家基本公共服务清单基本建立,标准体系更加明确并实现动态调整,各领域建设类、管理类、服务类标准基本完善并有效实施。

——保障机制巩固健全。基本公共服务供给保障措施更加完善,基层服务基础进一步夯实,人才队伍不断壮大,供给模式创新提效,可持续发展的长效机制基本形成。

——制度规范基本成型。各领域制度规范衔接配套、基本完备,服务提供和享有有规可循、有责可究,基本公共服务依法治理水平明显提升。

"十三五"时期基本公共服务领域主要发展指标

指　　标	2015年	2020年	累计
基本公共教育			
九年义务教育巩固率（%）	93	95	—
义务教育基本均衡县（市、区）的比例（%）[1]	44.48	95	
基本劳动就业创业			
城镇新增就业人数（万人）[2]	—	—	>5000
农民工职业技能培训（万人次）	—	—	4000
基本社会保险			
基本养老保险参保率（%）[3]	82	90	
基本医疗保险参保率（%）[4]	—	>95	
基本医疗卫生			
孕产妇死亡率（1/10万）	20.1	18	
婴儿死亡率（‰）	8.1	7.5	
5岁以下儿童死亡率（‰）	10.7	9.5	
基本社会服务			
养老床位中护理型床位比例（%）		30	
生活不能自理特困人员集中供养率（%）[5]	31.8	50	
基本住房保障			
城镇棚户区住房改造（万套）	—	—	2000
建档立卡贫困户、低保户、农村分散供养特困人员、贫困残疾人家庭等4类重点对象农村危房改造（万户）	—	—	585
基本公共文化体育			
公共图书馆年流通人次（亿）	5.89	8	—
文化馆（站）年服务人次（亿）	5.07	8	
广播、电视人口综合覆盖率（%）[6]	>98	>99	

续表

指　　标	2015年	2020年	累计
国民综合阅读率（%）[7]	79.6	81.6	—
经常参加体育锻炼人数（亿人）[8]	3.64	4.35	—
残疾人基本公共服务			
困难残疾人生活补贴和重度残疾人护理补贴覆盖率（%）[9]	—	>95	—
残疾人基本康复服务覆盖率（%）[10]	—	80	—

注：1. 指通过省级评估、国家认定程序认定的义务教育均衡发展县（市、区）占全国所有县（市、区）的比例。

2. 指城镇累计新就业人数减去累计自然减员人数。其中城镇累计新就业人数是指报告期内城镇累计新就业的城镇各类单位、私营企业和个体经济组织、社区公益性岗位就业人员和各种灵活形式就业人员的总和；累计自然减员人数是指报告期内因退休、伤亡等自然原因造成的城镇累计减少的就业人员数。

3. 指按照国家有关法律和社会保险政策规定，实际参加基本养老保险的人数与法定应参加基本养老保险的人数之比。

4. 指按照国家有关法律和社会保险政策规定，实际参加基本医疗保险的人数与法定应参加基本医疗保险的人数之比。

5. 指在机构集中供养的生活不能自理特困人员与生活不能自理特困人员总数之比。

6. 指在对象区内能接收到中央、省（区、市）、市（地、州）、县（市、区）广播、电视传输机构以无线、有线、卫星等方式传输的广播、电视节目信号的人口数占对象区总人口数的比重。

7. 指全国每年有阅读行为（包括阅读书报刊物和数字出版物、手机媒体等各类读物）的人数与总人口数的比例。

8. 指每周参加体育锻炼3次及以上、每次体育锻炼持续时间30分钟及以上、每次体育锻炼的运动强度达到中等及以上的人数。

9. 指困难残疾人享受生活补贴和重度残疾人享受护理补贴的人数达到应享受补贴人数的比例。

10. 指有康复需求的残疾儿童和持证残疾人接受康复评估、手术、药物、功能训练、辅具适配等基本康复服务的比例。

第三章 国家基本公共服务制度

第一节 制度框架

国家基本公共服务制度紧扣以人为本，围绕从出生到死亡各个阶段和不同领域，以涵盖教育、劳动就业创业、社会保险、医疗卫生、社会服务、住房保障、文化体育等领域的基本公共服务清单为核心，以促进城乡、区域、人群基本公共服务均等化为主线，以各领域重点任务、保障措施为依托，以统筹协调、财力保障、人才建设、多元供给、监督评估等五大实施机制为支撑，是政府保障全民基本生存发展需求的制度性安排。

国家基本公共服务制度框架

服务清单	把基本公共服务制度作为公共产品向全民提供	贯穿一生的基本生存与发展需求
重点任务	基本公共教育 基本劳动就业创业 基本社会保险 基本医疗卫生 基本社会服务 基本住房保障 基本公共文化体育 残疾人基本公共服务	学有所教 劳有所得 老有所养 病有所医 困有所帮 住有所居 文体有获 残有所助
保障措施		
实话机制		
	供给侧	

第二节 服务清单

国家建立基本公共服务清单制，依据现行法律法规和相关政策确定基本公共服务主要领域，以及各领域具体服务项目和国家基本标准，向社会公布，作为政府履行职责和公民享有相应权利的依据。《"十三五"国家基本公共服务清单》（以下简称《清单》，详见附件1）包括公共教育、劳动就业创业、社会保险、医疗卫生、社会服务、住房保障、公共文化体育、残疾人服务等八个领域的81个项目。每个项目均明确服务对象、服务指导标准、支出责任、牵头负责单位等。其中，服务对象是指各项目所面向的受众人群；服务指导标准是指各项目的保障水平、覆盖范围、实现程度等；支出责任是指各项目的筹资主体及承担责任；牵头负责单位是指国家层面的主要负责单位，具体落实由地方各级人民政府及有关部门、单位按职责分工负责。

《清单》是"十三五"时期实现基本公共服务均等化的重要基础，各项目服务内容和标准要在规划期内落实到位。在本规划实施过程中，可结合经济社会发展状况，按程序对《清单》具体内容进行动态调整。

第三节　实施机制

国家建立健全科学有效的基本公共服务实施机制，改善人财物等基础条件，以推动规划目标顺利实现，确保国家基本公共服务制度高效运转。

——统筹协调机制。加强中央和地方、政府和社会的互动合作，促进各级公共服务资源有效整合，形成实施合力。

——财力保障机制。拓宽资金来源，增强县级政府财政保障能力，稳定基本公共服务投入。

——人才建设机制。加强人才培养培训，强化激励约束，促进合理流动，相关政策重点向基层倾斜，不断提高服务能力和水平。

——多元供给机制。积极引导社会力量参与，推进政府购买服务，推广政府和社会资本合作（PPP）模式。

——监督评估机制。坚持目标导向和问题导向，完善信息统计收集和需求反馈机制，加强对本规划实施的动态跟踪监测，推动总结评估和督促检查。

第四章 基本公共教育

国家完善基本公共教育制度,加快义务教育均衡发展,保障所有适龄儿童、青少年平等接受教育,不断提高国民基本文化素质。本领域服务项目共8项,具体包括:免费义务教育、农村义务教育学生营养改善、寄宿生生活补助、普惠性学前教育资助、中等职业教育国家助学金、中等职业教育免除学杂费、普通高中国家助学金、免除普通高中建档立卡等家庭经济困难学生学杂费。

第一节 重点任务

——义务教育。建立城乡统一、重在农村的义务教育经费保障机制,加大对中西部和民族、边远、贫困地区的倾斜力度。统筹推进县域内城乡义务教育一体化改革发展,推进建设标准、教师编制标准、生均公用经费基准定额、基本装备配置标准统一和"两免一补"政策城乡全覆盖,基本实现县域校际资源均衡配置,扩大优质教育资源覆盖面,提高乡村学校和教学点办学水平。落实县域内义务教育公办学校校长、教师交流轮岗制度。保障符合条件的进城务工人员随迁子女在公办学校或通过政府购买服务在民办学校就学。加强国家通用语言文字教育基础薄弱地区双语教育。加强学校体育和美育教育。

——高中阶段教育。重点支持中西部贫困地区尤其是集中连片特困地区高中阶段教育发展,积极发展中等职业教育。逐步分类推进中等职业教育免除学杂费,率先从建档立卡等家庭经济困难学生(含非建档立卡的家庭经济困难残疾学生、农村低保家庭学生、农村特困救助供养学生)实施普通高中免除学杂费。

——普惠性学前教育。大力发展公办幼儿园,积极扶持民办幼儿园提供普惠性服务。扩大集中连片特困地区、少数民族地区学前教育资源。支持地方健全学前教育资助制度,资助普惠性幼儿园在园家庭经济困难儿童、孤儿和残疾儿童接受学前教育。

——继续教育。建立个人学习账号和学分累计制度，完善学分认定和转换办法，拓宽学分认定转换渠道，探索建立多种形式学习成果认定转换机制，促进各类学习资源开放共享，推动构建惠及全民的终身教育体系。

第二节 保障措施

——义务教育学校标准化建设。以中西部贫困地区为重点，新建和改扩建校舍、运动场地、食堂（伙房）、厕所、饮水等设施条件，采购课桌凳、学生用床、图书、计算机等教学设施设备，全面改善贫困地区义务教育薄弱学校基本办学条件，逐步推进未达标城乡义务教育学校校舍、场所标准化。

——高中阶段教育设施建设。普及高中阶段教育，改善中西部贫困地区普通高中基本办学条件，逐步实现办学条件达到国家规定的基本标准。改善中等职业学校基本办学条件，重点支持中等职业学校通过校企合作方式加强实习实训设施建设，推动职业教育产教融合发展。

——学前教育行动计划。加强普惠性幼儿园建设，新建、改扩建一批公办幼儿园，积极扶持企事业单位办幼儿园、集体办幼儿园和民办幼儿园向社会提供普惠性学前教育服务，重点保障中西部农村适龄儿童和实施全面两孩政策新增适龄儿童入园需求。

——教师队伍建设。实施乡村教师支持计划。逐步扩大农村教师特岗计划实施规模。落实并完善集中连片特困地区和边远艰苦地区乡村教师生活补助政策。实施中西部中小学首席教师岗位计划，加大"国培计划"对中西部地区乡村教师校长培训的集中支持力度。加强乡村学校音体美等师资紧缺学科教师和民族地区双语教师培训。

——教育信息化建设。鼓励探索网络化教育新模式，对接线上线下教育资源，扩大优质教育资源覆盖面。加快推进"三通两平台"（即"宽带网络校校通、优质资源班班通、网络学习空间人人通"，教育资源公共服务平台、教育管理公共服务平台）建设与应用，继续提升农村中小学信息化水平，通过政府购买服务等方式支持国家级优质教育资源平台建设。建立个人学习账号和学分认证平台，为学习者提供学分认定服务。

第五章　基本劳动就业创业

国家实施就业优先战略，大力推动大众创业、万众创新，鼓励以创业带动就业，健全覆盖城乡的公共就业创业服务体系，加强职业培训，维护职工和企业合法权益，构建和谐劳动关系，推动实现比较充分和更高质量的就业。本领域服务项目共10项，具体包括：基本公共就业服务、创业服务、就业援助、就业见习服务、大中城市联合招聘服务、职业技能培训和技能鉴定、"12333"人力资源和社会保障服务热线电话咨询、劳动关系协调、劳动人事争议调解仲裁、劳动保障监察。

第一节　重点任务

——公共就业服务。全面落实就业政策法规咨询、信息发布、职业指导和职业介绍、就业登记和失业登记等公共就业服务制度，组织开展就业服务专项活动。加强对就业困难人员的就业援助，确保有就业能力的零就业家庭、低保家庭至少有一人就业。做好高校毕业生就业和农村劳动力转移就业，以及化解过剩产能过程中的职工安置工作。加快推进流动人员人事档案信息化服务。建立健全行业人力资源需求预测和就业状况定期发布制度，完善人力资源市场供求分析。

——创业服务。鼓励公共就业服务机构为创业者提供项目选择、开业指导、融资对接、跟踪扶持等服务。把创新创业课程纳入国民教育体系，建立健全衔接创业教育和创业实践的创业培训体系。深化行政审批制度改革和商事制度改革，推行市场主体登记注册便利化，减少政府对企业生产服务项目的行政许可和对正常经营活动的行政干预，落实降低企业负担的税费政策。落实创业担保贷款政策，提高就业重点群体和困难人员金融服务的可获得性。加快发展众创空间等创业服务载体，健全创业辅导制度。

——职业培训。大力开展就业技能培训、岗位技能提升培训和创业培训，开展贫困家庭子女、未升学初高中毕业生、农民工、失业人员和转岗职工、退役军人、残疾人免费接受职业培训行动，打通技能劳动者从初级工、中级工、高级工到技师、高级技师的职业发展通道。

——劳动关系协调和劳动权益保护。完善劳动用工制度，健全最低工资标准调整和工资支付保障长效机制，落实职工带薪年休假制度。加强劳动保障监察和劳动人事争议调解仲裁，推进劳动保障监察综合执法，建立劳动保障监察举报投诉案件省级联动处理机制，健全完善劳动人事争议多元处理机制，维护用人单位和劳动者合法权益。定期发布职业薪酬信息和重点行业人工成本信息。

第二节　保障措施

——基层劳动就业和社会保障服务平台建设。充分依托现有条件和政府综合服务场所，完善县、乡镇两级劳动就业和社会保障服务设施设备，推进基层综合服务全覆盖，保障基层开展就业创业、社会保险经办等服务。

——职业技能公共实训基地建设。充分利用现有设施设备，结合地区实际，建设一批区域性大型公共实训基地、市级综合型公共实训基地和县级地方产业特色型公共实训基地。

——省、市级人力资源服务设施建设。充分依托现有条件和政府综合服务场所，完善省、市级人力资源综合服务设施，改善就业创业和人才服务、劳动关系协调、劳动人事争议调解仲裁、劳动保障监察等综合服务条件。

——信息服务平台建设。建设面向人人的公共就业创业服务平台，推进公共就业服务全程信息化，实现各类就业信息统一发布和信息监测。以"12333"电话咨询为重点，配备必要的服务场地和设施设备，健全咨询服务队伍和服务机制，为社会公众提供政策咨询、信息查询、信息公开、在线受理和投诉举报等服务。

第六章 基本社会保险

国家构建全覆盖、保基本、多层次、可持续的社会保险制度，实施全民参保计划，保障公民在年老、疾病、工伤、失业、生育等情况下依法从国家和社会获得物质帮助。本领域服务项目共7项，具体包括：职工基本养老保险、城乡居民基本养老保险、职工基本医疗保险、生育保险、城乡居民基本医疗保险、失业保险、工伤保险。

第一节 重点任务

——社会保险政策制度。继续实行统账结合的城镇职工基本养老保险制度，完善个人账户，健全激励约束机制，提高收付透明度，坚持精算平衡，推动实现职工基础养老金全国统筹。落实机关事业单位养老保险制度改革举措。推进实施城乡居民基本养老保险制度。健全基本医疗保险稳定可持续的筹资和报销比例调整机制，制定城乡居民医保政府补助三年规划，在提高政府补助标准的同时适当提高个人缴费比重，逐步将个人缴费与城乡居民家庭收入水平挂钩。完善医保缴费参保政策，改进个人账户，开展门诊费用统筹。实现基本医保基金中长期精算平衡，增强制度可持续性。改革医保支付方式，合理控制医疗费用，整合城乡居民医保政策和经办管理。全面实施城乡居民大病保险制度。将生育保险与基本医疗保险合并实施。探索建立长期护理保险制度，开展长期护理保险试点。继续完善预防、补偿、康复三位一体的工伤保险制度体系。推动医疗保险、失业保险、工伤保险逐步实现省级统筹。结合社会平均工资和物价变动等因素，合理确定相关社会保险待遇水平。

——社会保险关系转续。建立标准统一、全国联网的社会保障管理信息系统，完善并简化转续流程，推行网上认证、网上办理转续，力争实现全国范围内社会保险待遇异地领取、直接结算，方便参保职工、失业和退休人员流动就业、异地生活。

第二节　保障措施

——社会保障卡工程。全面发行和应用社会保障卡，持卡人口覆盖率达到90%，实现社会保障一卡通，支持社会保障卡跨业务、跨地区、跨部门应用，建立社会保障卡应用平台和覆盖广泛的用卡终端环境，健全社会保障卡便民服务体系，完善社会保障卡规范管理和安全保障体系。

——省、市级社会保障服务设施建设。充分依托现有条件和政府综合服务场所，完善省、市级社会保障服务设施，推动改善社保经办等服务条件。

——全民社会保障信息化。建设部门和省级公共服务信息化平台，支持各类业务系统和各类服务渠道的统一接入、有序整合和统筹调度，推动电话、网站、移动应用、短信、自助服务一体机等多种渠道的协同应用，实现一个窗口对外、一条龙服务。开展网上社保办理、个人社保权益查询、跨地区医保结算等互联网应用。

第七章　基本医疗卫生

国家建立健全覆盖城乡居民的基本医疗卫生制度，推进健康中国建设，坚持计划生育基本国策，以基层为重点，以改革创新为动力，预防为主、中西医并重，提高人民健康水平。本领域服务项目共20项，具体包括：居民健康档案、健康教育、预防接种、传染病及突发公共卫生事件报告和处理、儿童健康管理、孕产妇健康管理、老年人健康管理、慢性病患者管理、严重精神障碍患者管理、卫生计生监督协管、结核病患者健康管理、中医药健康管理、艾滋病病毒感染者和病人随访管理、社区艾滋病高危行为人群干预、免费孕前优生健康检查、基本药物制度、计划生育技术指导咨询、农村部分计划生育家庭奖励扶助、计划生育家庭特别扶助、食品药品安全保障。

第一节 重点任务

——重大疾病防治和基本公共卫生服务。继续实施国家基本公共卫生服务项目和国家重大公共卫生服务项目。开展重大疾病和突发急性传染病联防联控，提高对传染病、慢性病、精神障碍、地方病、职业病和出生缺陷等的监测、预防和控制能力。加强突发公共事件紧急医学救援、突发公共卫生事件监测预警和应急处理。深入开展爱国卫生运动，继续推进卫生城镇创建工作，开展健康城市、健康村镇建设，实施全国城乡环境卫生整洁行动，加快农村改厕，农村卫生厕所普及率提高到85%。加强居民身心健康教育和自我健康管理，做好心理健康服务。

——医疗卫生服务。落实区域卫生规划和医疗机构设置规划，依据常住人口规模和服务半径等合理配置医疗卫生资源。深化基层医改，巩固完善基本药物制度，全面推进公立医院综合改革，推动形成基层首诊、双向转诊、急慢分治、上下联动的分级诊疗模式。完善中医医疗服务体系，发挥中医药特色优势，推动中医药传承与创新。

——妇幼健康和计划生育服务管理。实施全面两孩政策，改革完善计划生育服务管理，实施生育登记服务。开展孕前优生健康检查，加强高危孕产妇和新生儿健康管理。提高妇女常见病筛查率和早诊早治率，扩大农村妇女宫颈癌、乳腺癌项目检查覆盖范围。继续落实计划生育技术服务基本项目，将流动人口纳入城镇计划生育服务范围。加强出生人口性别比综合治理。完善农村部分计划生育家庭奖励扶助制度、计划生育家庭特别扶助制度，继续实施"少生快富"工程。

——食品药品安全。实施食品安全战略，完善法规制度，提高安全标准，全面落实企业主体责任，提高监督检查频次，扩大抽检监测覆盖面，实行全产业链可追溯管理。深化药品医疗器械审评审批制度改革，探索按照独立法人治理模式改革审评机构，推行药品经营企业分级分类管理。加大农村食品药品安全治理力度，完善对网络销售食品药品的监管。

第二节 保障措施

——基层医疗卫生服务能力提升。在县级区域依据常住人口数，原则上办好1个县办综合医院和1个县办中医类医院（含中医、中西医结合、民族医等），每个乡镇（街道）办好1所标准化建设的乡镇卫生院（社区卫生服务中心），每个行政村办好1个村卫生室。优先支持832个国家扶贫开发工作重点县和集中连片特困地区县县级医院和基层医疗卫生机构建设，打造30分钟基层医疗服务圈，基层医疗卫生机构标准化达标率达到95%以上。

——疾病防治和基本公共卫生服务能力强化。加强卫生应急、疾病预防控制、精神卫生、血站、卫生计生监督能力建设。提高肿瘤、心脑血管疾病、呼吸系统疾病等疑难病症防治能力。支持肿瘤、心脑血管疾病、糖尿病、精神病、传染病、职业病、地方病等薄弱领域服务能力建设。

——妇幼健康服务保障。加强儿童医院和综合性医院儿科以及妇幼健康服务机构建设，合理增加产床。加快产科和儿科医师、助产士及护士人才培养，力争增加产科医生和助产士14万名。落实孕前优生健康检查，开展再生育技术服务。

——中医药传承创新。改善中医医院基础设施条件，支持中医重点学科和重点专科（专病）建设，加强中医临床研究基地和科研机构建设，鼓励基层医疗卫生机构开设中医综合服务区（中医馆），继续实施中医药传承与创新人才工程，实施中药民族药标准化行动。

——医疗卫生人才培养。加强住院医师规范化培训，力争到2020年经过规范化培训的住院医师数量达到50万人，每万人口全科医生数达到2名。继续实施助理全科医生培训、全科医生转岗培训和农村订单定向免费培养医学生政策，加强基层医务人员继续教育，完善城市医疗卫生人才对口支援农村制度。

——食品药品安全治理体系建设。完善食品安全协调工作机制，健全检验检测等技术支撑体系和信息化监管系统，建立食品药品职业化检查员队伍，实现各级监管队伍装备配备标准化。

——人口健康信息化。以全民健康保障信息化工程和健康中国云服务计划为基础，依托现有资源统筹建立人口健康信息平台。推进居民电子健康档案应用。积极利用移动互联网提供在线预约诊疗、健康咨询、检查检验报告查询等服务，提高重大疾病和突发公共卫生事件防控能力。完善中西部地区县级医院电子病历等信息系统功能，加强县级医院与对口三级医院、县级医院与基层医疗卫生机构之间的远程诊疗信息系统建设，健全基于互联网、大数据技术的分级诊疗信息系统。

第八章　基本社会服务

国家建立完善基本社会服务制度，为城乡居民提供相应的物质和服务等兜底帮扶，重点保障特定人群和困难群体的基本生存权与平等参与社会发展的权利。本领域服务项目共13项，具体包括：最低生活保障、特困人员救助供养、医疗救助、临时救助、受灾人员救助、法律援助、老年人福利补贴、困境儿童保障、农村留守儿童关爱保护、基本殡葬服务、优待抚恤、退役军人安置、重点优抚对象集中供养。

第一节 重点任务

——社会救助。推进城乡低保统筹发展，健全低保对象认定办法，建立低保标准动态调整机制，确保农村低保标准逐步达到国家扶贫标准。完善特困人员认定条件，合理确定救助供养标准，适度提高救助供养水平。合理界定医疗救助对象，健全疾病应急救助制度，全面开展重特大疾病医疗救助工作，加强医疗救助与基本医疗保险、大病保险和其他救助制度的衔接。全面、高效实施临时救助制度。降低法律援助门槛，扩大法律援助范围。

——社会福利。全面建立针对经济困难高龄、失能老年人的补贴制度，并做好与长期护理保险的衔接。提高城乡社区卫生服务机构为老年人提供医疗保健服务的能力，加快社区居家养老信息网络和服务能力建设，推进医养结合发展。进一步完善孤儿基本生活保障制度，做好困境儿童保障工作，统筹推进未成年人社会保护试点和农村留守儿童关爱保护。全面推进精神障碍患者社区康复服务。

——社会事务。建立和完善公民婚姻信息数据库，探索开展异地办理婚姻登记工作。完善儿童被收养前寻亲公告程序，全面建立收养能力评估制度。推进基本殡葬公共服务，巩固提高遗体火化率，推行火葬区骨灰和土葬改革区遗体规范、集中节地生态安葬。做好第二次全国地名普查，健全地名管理法规标准，加强地名文化保护，开展多种形式的地名信息化服务。

——优抚安置。全面落实优抚安置各项制度政策，提升对复员退伍军人、军休人员的优抚安置和服务保障能力。完善优抚政策和优抚对象抚恤优待标准调整机制。将优抚安置对象优先纳入社区、养老、医疗卫生等服务体系，探索建立优抚安置对象社会化服务平台。

第二节 保障措施

——社会救助经办服务体系建设。充分依托现有条件和政府综合服务场所,推动乡镇人民政府和街道办事处设置社会救助经办平台,加强社会救助管理信息系统与居民家庭经济状况核对系统的整合、集成,提升基层社会救助经办服务能力。

——公共法律服务体系建设。加强法律援助综合服务平台和便民窗口、法律服务中心(站、工作室)、"12348"法律服务热线等基础设施建设,改善服务条件。加强基层普法阵地、人民调解组织、司法鉴定机构建设,健全服务网络。

——养老服务体系建设。支持主要面向失能、半失能老年人的老年养护院,医养结合设施和社区老人日间照料中心,荣誉军人休养院、光荣院,农村特困人员救助供养服务机构等服务设施建设,增加护理型床位和设施设备。推进无障碍通道、老年人专用服务设施、旧楼加建电梯建设,以及适老化路牌标识、适老化照明改造。积极开展养老护理人员培养培训。搭建养老信息服务网络平台,推广应用便携式体检、紧急呼叫监控等设备。

——社会福利服务设施建设。结合地区实际,建设一批县级儿童福利设施。依托现有设施资源,试点建设县级未成年人保护设施。支持尚无精神病人福利设施的地市建设一所精神病人福利设施,为特殊困难精神障碍患者提供集中养护服务。

——殡葬服务设施建设。在火葬区尚无殡仪馆的县(市、区)新建殡仪馆,对已达危房标准、设施设备陈旧的殡仪馆进行改造或改扩建。更新改造已达到强制报废年限或不符合国家环境保护标准的火化炉。试点建设县(市、区)公益性骨灰安放设施。

——自然灾害救助物资储备体系建设。进一步优化中央救灾物资储备库布局,设区的市级以上人民政府和自然灾害多发、易发地区的县级人民政府应当根据自然灾害特点、居民人口数量和分布等情况，按照布局合理、规模适度的原则，设立救灾物资储备库（点），并视情在多灾易灾乡镇（街道）和城乡社区设置救灾物资储备室。

——社会工作者队伍建设。实施社会工作专业人才服务贫困地区计划、农村留守人员社会保护计划、城镇流动人口社会融入计划、特殊群体社会关爱计划，推进社会工作者专业化、职业化，力争到2020年社会工作专业人才总规模达145万人。

第九章 基本住房保障

国家建立健全基本住房保障制度，加大保障性安居工程建设力度，加快解决城镇居民基本住房问题和农村困难群众住房安全问题，更好保障住有所居。本领域服务项目共3项，具体包括：公共租赁住房、城镇棚户区住房改造、农村危房改造。

第一节 重点任务

——公共租赁住房。转变公租房保障方式，实行实物保障与租赁补贴并举，推进公租房货币化。支持公租房保障对象通过市场租房，政府对符合条件的家庭给予租赁补贴。完善租赁补贴制度，结合市场租金水平和保障对象实际情况，合理确定租赁补贴标准。在城镇稳定就业的外来务工人员、新就业大学生和青年医生、青年教师等专业技术人员，符合当地城镇居民公租房准入条件的，应纳入公租房保障范围。提高公租房运营保障能力，健全准入退出管理机制。

——城镇棚户区住房改造。围绕实现约1亿人居住的城镇棚户区、城中村和危房改造目标，实施棚户区改造行动计划和城镇旧房改造工程，基本完成城镇棚户区和危房改造任务。将棚户区改造与城市更新、产业转型升级更好结合起来，加快推进集中成片棚户区和城中村改造，有序推进旧住宅小区综合整治、危旧住房和非成套住房改造，棚户区改造政策覆盖全国重点镇。完善配套基础设施，加强工程质量监管。

——农村危房改造。合理确定农村危房改造补助对象和标准,优先帮助住房最危险、经济最贫困农户解决最基本的住房安全问题。加快推进贫困地区危房改造,按照精准扶贫、精准脱贫要求,重点解决建档立卡贫困户、低保户、农村分散供养特困人员、贫困残疾人家庭的基本住房安全问题。

第二节 保障措施

——保障必要用地需求。在土地利用年度计划中根据保障性住房建设需要,单独列出,做到应保尽保。依法收回的闲置土地、具备净地出让条件的储备土地和农用地转用计划指标,应优先保证保障性住房用地需求。

——实施财税优惠政策。统筹运用政府财力,加大对基本住房保障的支持力度。继续落实好城镇保障性安居工程建设和运营管理涉及的行政事业性收费、政府性基金(含土地出让收入)以及相关税收减免政策。土地出让收益用于保障性安居工程的比例不低于10%。

——加大融资支持力度。支持符合条件的企业发行债券融资,用于保障性安居工程建设。进一步发挥开发性、政策性金融机构作用,加大对棚户区改造项目的信贷支持力度。鼓励商业银行在风险可控、商业可持续的前提下,开发适合住房租赁业务发展需要的信贷产品。

——合理确定住房价格。依据当地经济社会发展水平、保障对象的承受能力以及建设成本等因素,合理制定、调整保障性住房价格或租金标准。

第十章 基本公共文化体育

国家构建现代公共文化服务体系和全民健身公共服务体系,促进基本公共文化服务和全民健身基本公共服务标准化、均等化,更好地满足人民群众精神文化需求和体育健身需求,提高全民文化素质和身体素质。本领域服务项目共10项,具体包括:公共文化设施免费开放、送地方戏、收听广播、观看电视、观赏电影、读书看报、少数民族文化服务、参观文化遗产、公共体育场馆开放、全民健身服务。

第一节　重点任务

——公共文化。落实国家基本公共文化服务指导标准和地方实施标准。深化公益性文化事业单位改革，积极搭建公益性文化活动平台，以群众需求为导向，推行"菜单式"、"订单式"公共文化服务。加大政府向社会力量购买公共文化服务力度。深入推进公共图书馆、博物馆、美术馆、文化馆和综合文化站免费开放工作。以县级文化馆、图书馆为中心推进总分馆制，实现农村、城市社区公共文化服务资源整合和互联互通。加强文化遗产保护。

——广播影视。采用地面无线、直播卫星和有线网络等方式，推动数字广播电视基本实现全覆盖、户户通。进一步改善农村电影放映条件。努力增加贴近基层群众需要的服务性广播电视栏目节目。

——新闻出版。推动全民阅读，加强残疾人等特殊群体的基本阅读权益保障。扶持实体书店发展，加快推进实体书店或各类图书代销代购网点覆盖全国所有乡镇。完善农家书屋出版物补充更新工作。加强"三农"出版物出版发行。推动少数民族语言文字及双语出版物出版发行、数字化传播和少数民族语言文字作品创作。

——群众体育。实施全民健身计划，组织实施国民体质监测，推行《国家体育锻炼标准》，开展全民健身活动，实行科学健身指导。推动公共体育场馆向社会免费或低收费开放。全面实施青少年体育活动促进计划，培养青少年体育爱好和运动技能，推广普及足球、篮球、排球和冰雪运动等。

第二节　保障措施

——公共文化服务体系建设。推动各地区进一步完善图书馆、文化馆（站）、博物馆等基本公共文化服务设施。在乡镇（街道）

和村（社区）统筹建设集宣传文化、党员教育、科学普及、普法教育、体育健身等功能于一体的综合性文化服务中心。为集中连片特困地区和西藏、四省藏区、新疆南疆四地州以及国家扶贫开发工作重点县、新疆生产建设兵团边境团场和南疆困难团场每个县级文化馆配备一辆流动文化车，为村文化活动室购置基本公共文化服务设备。

——广播影视服务体系建设。加强广播电视数字化覆盖、广播电视无线发射台站、全国有线电视网络互联互通平台、国家和地方应急广播体系、基层广播电视播出机构制播能力、广播电视和视听新媒体监管平台等建设，支持直播卫星平台扩容。实施农村电影放映工程，继续巩固"一行政村一月放映一场电影"成果。加强少数民族语言广播影视节目译制、制作、播出和传输覆盖能力建设。

——新闻出版服务体系建设。举办"书香中国"系列活动，充分利用现有设施，统筹建设社区阅读中心、数字农家书屋、公共数字阅读终端等设施。合理规划建设农村和中小城市出版物发行网点，建设城乡阅报栏（屏），支持革命老区、民族地区、边疆地区、贫困地区公共阅读设施建设。实施少数民族新闻出版东风工程、盲文出版工程、儿童阅读书报发放计划、市民阅读发放计划。

——遗产保护服务体系建设。重点支持全国重点文物保护单位、国家历史文化名城、国家级非物质文化遗产、国家级风景名胜区、国家森林公园、国家地质公园等文化和自然遗产保护利用设施建设。

——公共体育服务设施建设。重点支持足球场地设施、中小型全民健身中心、县级体育场、农民体育健身工程、社区多功能运动场、冰雪运动设施、科学健身指导服务平台等建设。充分利用体育中心、公园绿地、闲置厂房、校舍操场、社区空置场所等，拓展公共体育设施场所。

——数字文化服务平台建设。推动全国文化信息资源共享、数字图书馆博物馆建设等公共数字文化工程建设。提高公共文化大数据采集、存储和分析处理能力。科学规划公共数字文化资源，建设分布式资源库群，实施"互联网+中华文明"行动计划，鼓励各地区挖掘整合中华优秀文化资源，开发特色数字文化产品。

第十一章 残疾人基本公共服务

国家提供适合残疾人特殊需求的基本公共服务，为残疾人平等参与社会发展创造便利化条件和友好型环境，让残疾人安居乐业、衣食无忧，生活得更加殷实、更加幸福、更有尊严。本领域服务项目共10项，具体包括：困难残疾人生活补贴和重度残疾人护理补贴、无业重度残疾人最低生活保障、残疾人基本社会保险个人缴费资助和保险待遇、残疾人基本住房保障、残疾人托养服务、残疾人康复、残疾人教育、残疾人职业培训和就业服务、残疾人文化体育、无障碍环境支持。

第一节 重点任务

——残疾人基本生活。全面落实困难残疾人生活补贴和重度残疾人护理补贴制度。生活困难、靠家庭供养且无法单独立户的成年无业重度残疾人，经个人申请，可按照单人户纳入最低生活保障范围。对获得最低生活保障后仍有困难的重度残疾人采取必要措施给予生活保障。完成农村贫困残疾人家庭存量危房改造。

——残疾人就业创业和社保服务。为有劳动能力和就业意愿的城乡残疾人免费提供就业创业服务，按规定提供免费职业培训。落实好针对就业困难残疾人的各项就业援助和扶持政策，为智力、精神和重度肢体残疾人提供辅助性、支持性就业服务等。落实贫困和重度残疾人参加社会保险个人缴费资助政策，完善重度残疾人医疗报销制度，做好重度残疾人就医费用结算服务。

——残疾人康复、教育、文体和无障碍服务。继续实施残疾儿童抢救性康复、贫困残疾人辅助器具适配、防盲治盲、防聋治聋等重点康复项目，加强残疾人健康管理和社区康复。积极推进为家庭经济困难的残疾儿童、青少年提供包括义务教育和高中阶段教育在内的12年免费教育。加强国家通用手语、通用盲文的规范与推广。推动公共文化体育场所设施免费或优惠向残疾人开放,为视力、听力残疾人等提供特需文化服务。加快推进公共场所和设施的无障碍改造。

第二节 保障措施

——残疾人服务体系建设。支持各地建设一批专业化残疾人康复设施、托养设施和综合服务设施,配备基本服务设备,推动形成功能完善、网络健全的残疾人专业康复和托养服务体系。

——县域残疾人综合服务能力提升。强化县级残疾人康复、托养、职业培训、辅助器具适配、文化体育等服务能力,充分发挥基层公共服务设施助残功能,推动形成县(市、区)、乡(镇)、村(居)三级联动互补的残疾人基层服务网络。

——特殊教育基础能力提升。依托现有特教学校构建特殊教育资源中心,提升特殊教育普及水平、保障条件和教育质量。完善特殊教育体系,积极创造条件保障完成义务教育且有意愿的残疾学生有机会接受适宜的中等职业教育。

——残疾人服务专业人才培养。建设康复大学,提升高等院校特殊教育专业办学水平,推动师范院校开设特殊教育课程。加快培养残疾人康复、托养、特殊教育、护理照料、就业服务、社会工作等方面的人才队伍。

——残疾人服务信息化。完善残疾人人口基础信息和基本服务需求信息数据管理系统。依托中国残疾人服务网,搭建残疾人就业创业网络服务平台。加快推进智能化残疾人证试点。鼓励支持服务残疾人的电子产品、移动应用软件等开发应用。

第十二章 促进均等共享

以贫困地区和贫困人口为重点,着力扩大覆盖范围、补齐短板、缩小差距，不断提高城乡、区域、人群之间基本公共服务均等化程度。

第一节 推动基本公共服务全覆盖

——开展贫困地区脱贫攻坚。加大革命老区、民族地区、边疆地区、集中连片特困地区脱贫攻坚力度，保障贫困人口享有义务教育、医疗卫生、文化体育、住房安全等基本公共服务，推动贫困地区基本公共服务主要领域指标接近全国平均水平。深入开展教育扶贫、健康扶贫、文化扶贫。在易地扶贫搬迁、整村推进、就业促进等工作中，按照精准扶贫、精准脱贫的要求，确保基本公共服务不留缺口。推动地区对口帮扶，加大基本公共服务资金、项目和人才支援力度。

——重点帮扶特殊困难人群。对农村留守人员、困境儿童和残疾人进行全面摸底排查，建立翔实完备、动态更新的信息台账。逐步完善救助管理机构、福利机构场所设施条件，满足农村留守儿童临时监护照料需要。在外出就业较为集中的农村地区，充分利用布局调整后闲置资源开展托老、托幼等关爱服务。健全孤儿、弃婴、法定抚养人无力抚养儿童、低收入家庭重病重残等困境儿童的福利保障体系。对低保家庭中的老年人、未成年人、重度残疾人等重点救助对象，提高救助水平，保障基本生活。

——促进城镇常住人口全覆盖。深化户籍制度改革，推动有能力在城镇稳定就业和生活的农业转移人口举家进城落户。推进居住证制度覆盖全部未落户城镇常住人口，加大对农业转移人口市民化的财政支持力度并建立动态调整机制，保障居住证持有人在居住地享有教育、就业、卫生等领域的基本公共服务。为农民工提供新市民培训服务，提高农民工综合素质和融入城市的能力。

第二节 促进城乡区域均等化

——缩小城乡服务差距。加快义务教育、社会保障、公共卫生、劳动就业等制度城乡一体设计、一体实施。重点以县（市、区）为单位，有步骤、分阶段推动规划、政策、投入、项目等同城化管理，统筹设施建设和人员安排，推动城乡服务内容和标准统一衔接。把社会事业发展重点放在农村和接纳农业转移人口较多的城镇，补齐农村和特大镇基本公共服务短板。鼓励和引导城镇公共服务资源向农村延伸，促进城市优质资源向农村辐射。

——提高区域服务均等化水平。强化省级人民政府统筹职能，加大对省域内基本公共服务薄弱地区扶持力度，通过完善事权划分、规范转移支付等措施，逐步缩小县域间、地市间服务差距。强化跨区域统筹合作，促进服务项目和标准水平衔接。着力推进京津冀地区、长江经济带等重点区域基本公共服务均等化，形成可复制、可推广的经验。

——夯实基层服务基础。整合相关资源，持续改善基层各类公共服务设施条件。依托政府综合服务大厅完善相关经办服务设施，推动基层综合公共服务平台统筹发展和共建共享。简化基层办事环节和手续，优化服务流程，明确办理时限，推行一站式办理、上门办理、预约办理等服务方式。在山区、草原等地广人稀、居住分散地区，配备必要的教学点，开展卫生巡诊等上门服务。

第十三章 创新服务供给

紧扣增进民生福祉，加快推进社会事业改革，吸引社会力量参与，扩大基本公共服务有效供给，提高服务质量和水平。

第一节 培育多元供给主体

——加快事业单位分类改革。理顺政府与事业单位在基本公共服务供给中的关系，强化提供基本公共服务事业单位的公益属性，推动去行政化和去营利化，逐步将有条件的事业单位转为企业或社会组织。进一步落实事业单位法人自主权，深化人事、收入分配等配套制度改革，确保依法决策、独立自主开展活动并承担责任。

——积极引导社会力量参与。进一步规范和公开基本公共服务机构设立的基本标准、审批程序，严控审批时限，鼓励有条件的地方采取招标等方式确定举办或运营主体。积极推动基本公共服务领域民办非营利性机构享受与同行业公办机构同等待遇。

——大力发展社会组织。深化社会组织登记管理制度改革，落实税收优惠政策。加强社会组织孵化培育和人才扶持，采取人员培训、项目指导、公益创投等多种途径和方式，提升社会组织承接政府购买服务能力。采取降低准入门槛、加强分类指导和业务指导等办法，大力培育发展社区社会组织，支持其承接基层基本公共服务和政府委托事项。

第二节 推动供给方式多元化

——推进政府购买公共服务。能由政府购买服务提供的，政府不再直接承办，交由具备条件、信誉良好的社会组织、机构、事业单位和企业等承担。制定实施政府购买公共服务指导性目录，确定政府购买公共服务的种类、性质和内容，规范项目遴选、信息发布、组织购买、项目监管、绩效评价等流程，加强政府购买公共服务的财政预算管理。

——加强政府和社会资本合作。能由政府和社会资本合作提供的，广泛吸引社会资本参与。政府通过投资补助、基金注资等多种方式，优先支持PPP项目。在实践证明有效的领域，推行通过公开招标、邀请招标、竞争性磋商、竞争性谈判等多种方式，公平选择具有相应管理经验、专业能力、融资实力以及信用状况良好的社会资本作为合作伙伴。

——鼓励发展志愿和慈善服务。广泛动员志愿服务组织与志愿者参与基本公共服务提供，定期发布志愿服务项目需求和岗位信息，建立健全志愿服务记录制度，完善激励保障措施。发挥慈善组织、专业社会工作服务机构在基本公共服务提供中的重要补充作用，落实慈善捐赠的相关优惠政策。

——发展"互联网+"益民服务。加快互联网与政府公共服务体系的深度融合，推动公共数据资源开放，促进公共服务创新供给和服务资源整合，构建面向公众的一体化在线公共服务体系。推动具备条件的服务事项实行网上受理、网上办理、网上反馈、实时查询，对暂不具备条件的事项提供全程在线咨询服务。积极应用大数据理念、技术和资源，及时了解公众服务需求和实际感受，为政府决策和监管提供支持。

——扩大开放交流合作。鼓励通过合资、合作等方式，支持合作办医，共建养老和残疾人托养机构。加强公共教育、公共文化体育等领域对外交流与合作。借鉴国际先进管理和服务经验，提升基本公共服务供给质量和水平。

第十四章　强化资源保障

优化资源配置，加强财力保障，加大重大工程项目、服务管理人才和规划用地等投入力度，为促进基本公共服务均等化提供支撑。

第一节　提升财政保障能力

——加大财政投入力度。稳定基本公共服务投入，明确保障措施和《清单》项目支出责任，确保服务项目及标准落实到位。中央和地方各级财政要为提高贫困地区基本公共服务水平提供必要支持。加大地方政府债券对基本公共服务保障的支持力度。

——优化转移支付结构。合理划分中央和地方财政事权与支出责任，适度加强中央政府承担基本公共服务的职责和能力。推进转移支付制度改革，增加一般性转移支付规模和比例，重点增加对老少边穷地区的转移支付，缩小地区间财力差距，提高县级财政保障能力，引导地方将一般性转移支付资金投入到民生等重点领域。对新疆维吾尔自治区、新疆生产建设兵团、西藏自治区、四省藏区、革命老区、集中连片特困地区的民生保障和改善、基础设施建设、基层政权和社会管理能力建设等项目,中央预算内投资给予倾斜支持。

——提高资金使用效率。清理、整合、规范专项转移支付,完善资金管理办法,提高项目管理水平。简化财政管理层级,扩大省直管县财政管理体制改革覆盖面,加大省级人民政府转移支付对省域内基本公共服务财力差距的调节力度。统筹安排、合理使用、规范管理各类公共服务投入资金。对医院、学校、保障性住房等建筑质量实行单位负责人和项目负责人终身负责制。

第二节 加强人才队伍建设

——加强人才培养培训。支持高等院校和中等职业学校开设相关学科专业,扩大专业服务和管理人才培养规模。健全从业人员继续教育制度,强化定岗、定向培养,完善远程教育培训。建立政府、社会、用人单位和个人相结合的投入机制,对参加相关职业培训和职业技能鉴定的人员,按规定给予补贴。探索公办与非公办公共服务机构在技术和人才等方面的合作机制,对非公办机构的人才培养、培训和进修等给予支持。

——促进人才合理流动。实施东部带西部、城市带农村的人才对口支持政策,引导公共服务和管理人才向中西部地区和基层流动。深化公办机构人事制度改革,健全公开招聘和竞争上岗制度,推动服务人员保障社会化管理,逐步由身份管理向岗位管理转变。

——提升基层人员能力。完善基层人员工资待遇、职称评定、医疗保险及养老保障等激励政策。推进基层公共服务队伍轮训,实施高校毕业生基层培养计划,继续做好"三支一扶"计划、西部志愿者计划、大学生村官计划、农村教师特岗计划、全科医生特岗计划、社会工作专业人才队伍建设等工作。鼓励通过优化编制资源配置、积极推进政府购买服务等方式，保障基层服务力量。

第三节　完善配套政策体系

——加强规划布局和用地保障。综合服务半径、服务人口、资源承载能力等因素，对城乡公共服务设施进行统筹布局。结合新型城镇化和人口发展趋势，对土地供给进行前瞻规划，优先保障基本公共服务建设用地。新建居住区要按相关规定，完善教育、卫生、文化体育、养老托幼、社区服务等配套设施，并在合理服务半径内尽量集中安排。

——建立健全服务标准体系。各行业主管部门会同国务院标准化行政主管部门等，分别制定实施基本公共服务各领域设施建设、设备配置、人员配备、经费投入、服务规范和流程等具体标准，推动城乡、区域之间标准衔接。推进基本公共服务标准化工程建设，在有条件的地区开展公共服务标准化试点。

——强化社会信用体系支撑。增强全民诚信意识，健全个人信用档案。加强公共服务行业自律和社会监督，将公共服务机构、从业人员、服务对象诚信情况记入信用记录，纳入全国信用信息共享平台，对严重失信主体采取失信惩戒或依法强制退出等措施。

第十五章　推进规划实施和监督评估

按照长效可行、分工明晰、统筹有力、协调有序的要求，扎实推进规划实施和监督评估，促进政策和项目落地。

第一节　明确责任分工

——国务院各有关部门要按照职责分工，做好行业发展规划、专项建设规划与本规划的衔接，明确工作责任和进度安排，推动各领域重点任务、保障措施和《清单》项目有效落实。要加强部门间统筹协调，共同研究推动解决基本公共服务均等化工作中跨部门、跨行业、跨区域及政策创新等重大问题。

——省级人民政府要强化主体责任，以本规划为指导，结合实际制定推进本地区基本公共服务均等化规划、行动计划或基本公共服务清单，科学确定服务范围和项目内容，分年足额落实财政投入，切实促进省域内基本公共服务均等化。

——市、县级人民政府负责推进落实国家和省级人民政府确定的基本公共服务清单及相关政策措施，制定办事指南，明确责任单位，优化服务流程，提高质量效率，保证清单项目落实到位，并及时向上级政府和有关部门报告进展情况。

第二节 加强监督问责

——国家发展改革委要会同国家统计局等有关部门，建立健全基本公共服务综合评估指标体系，推进基本公共服务基础信息库建设，开展年度统计监测。适时组织开展本规划实施情况中期评估，重大情况及时向国务院报告。

——国务院各有关部门、地方各级人民政府要建立政府主导与社会参与的良性互动机制，推动政务公开和政府信息公开，拓展公众参与渠道，做好舆情监测预警和应对，定期开展基本公共服务需求分析和社会满意度调查，及时妥善回应社会关切。

——地方各级人民政府要加强绩效评价和监督问责，强化过程监管，把本规划落实情况纳入绩效考核。要依法接受同级人大及其常委会的监督，自觉接受人民政协的民主监督，接受社会和人民群众监督。

附件：1. "十三五"国家基本公共服务清单
2. 重点任务分工方案

附件1

"十三五"国家基本公共服务清单

序号	服务项目	服务对象	服务指导标准	支出责任	牵头负责单位
一、基本公共教育					
1	免费义务教育	义务教育学生	对城乡义务教育学生免除学杂费；免费提供教科书；统一城乡义务教育学校生均公用经费基准定额。	中央和地方财政按比例分担。	财政部、教育部
2	农村义务教育学生营养改善	贫困地区农村义务教育学生	在集中连片特困地区开展国家试点，中央财政为试点地区学生提供每生每年800元的营养膳食补助，鼓励各地因地制宜开展地方试点。	国家试点县学生营养膳食补助所需资金由中央财政承担；地方试点县学生营养膳食补助所需资金由地方财政承担，中央财政给予奖励性补助。	教育部、财政部
3	寄宿生生活补助	义务教育家庭经济困难寄宿学生	小学生每生每年1000元，初中生每生每年1250元。	中央和地方财政按5：5比例共同分担。	财政部、教育部

续表

序号	服务项目	服务对象	服务指导标准	支出责任	牵头负责单位
4	普惠性学前教育资助	经县级以上教育行政部门审批设立的普惠性幼儿园在园家庭经济困难儿童、孤儿和残疾儿童	减免保育教育费、补助伙食费，具体资助方式和资助标准由省级人民政府结合本地实际自行制定。	地方人民政府负责，中央财政予以奖补。按照"地方先行、中央补助"的原则开展相关工作。	财政部、教育部
5	中等职业教育国家助学金	中等职业学校全日制正式学籍一、二年级在校涉农专业学生和非涉农专业家庭经济困难学生；六盘山区等11个集中连片特困地区和西藏、四省藏区、新疆南疆四地州中等职业学校农村（不含县城）学生	国家助学金每生每年2000元，中央财政按区域确定家庭经济困难学生比例，西部地区按在校学生的20%确定，中部地区按在校学生的15%确定，东部地区按在校学生的10%确定。	中央和地方财政按比例分担：西部地区（不分生源地）以及中部地区（生源地为西部地区的），中央与地方分担比例为8：2；对中部地区（生源地不是西部的）以及东部地区生源地为中部的，中央与地方分担比例为6：4；东部地区（生源地不是西部、中部的）分担比例分省（市）确定。	财政部、教育部、人力资源社会保障部

续表

序号	服务项目	服务对象	服务指导标准	支出责任	牵头负责单位
6	中等职业教育免除学杂费	公办中等职业学校全日制正式学籍一、二、三年级在校生中所有农村(含县镇)学生,城市涉农专业学生和家庭经济困难学生(艺术类相关表演专业除外),符合条件的民办职业学校学生	按各省(区、市)人民政府及其价格、财政主管部门确定的学费标准免除学杂费。公办中等职业学校,中央与地方财政统一按平均每生每年2000元标准,与地方按比例分担免除学杂费补助资金。符合条件的民办职业学校学生参照当地同类型、同专业公办学校免除学杂费标准予以补助。	中央和地方财政按比例分担:西部地区(不分生源地)以及中部、东部地区(生源地为西部的),中央与地方分担比例为8:2;对中部地区(生源地不是西部的)及东部地区中部的,中央与地方分担比例为6:4;东部地区(生源地不是西部、中部的)分担比例由省(市)确定。	财政部、教育部、人力资源社会保障部
7	普通高中国家助学金	普通高中在校生中家庭经济困难的学生	国家助学金平均资助标准为每生每年2000元,具体标准由各地结合实际分档确定。	中央和地方财政按比例分担:西部地区中央与地方分担比例为8:2;中部地区分担比例为6:4;东部地区除直辖市外,按照财力状况分省确定。	财政部、教育部

续表

序号	服务项目	服务对象	服务指导标准	支出责任	牵头负责单位
8	免除普通高中建档立卡等家庭经济困难学生学杂费	公办普通高中建档立卡等家庭经济困难在校学生(含非建档立卡家庭经济困难的残疾学生、农村低保家庭学生、农村特困救助供养学生,符合条件的民办普通高中学生)	按各省(区、市)人民政府及其价格、财政主管部门确定的学费标准免除学杂费(不含住宿费)。中央财政逐省(区、市)核定免学杂费财政补助标准。符合条件的民办学校参照当地同类型公办学校免除学杂费标准予以补助。	中央和地方财政按比例分担:西部地区中央与地方分担比例为8:2;中部地区分担比例为6:4;东部地区除直辖市外,按照财力状况分省确定。	财政部、教育部
二、基本劳动就业创业					
9	基本公共就业服务	有就业需求的劳动年龄人口	提供就业政策法规咨询、职业供求信息、市场工资指导价位信息和职业培训信息、职业指导和职业介绍、就业登记和失业登记、流动人员人事档案管理等服务。	国务院有关部门所属人才中介服务机构开展流动人员人事档案管理所需经费由中央财政予以补助,其余由地方人民政府负责。	人力资源社会保障部

— 48 —

续表

序号	服务项目	服务对象	服务指导标准	支出责任	牵头负责单位
10	创业服务	有创业需求的劳动者	提供项目选择、开业指导、融资对接、岗位信息等服务，对符合政策规定的创业者提供创业担保贷款扶持。	地方人民政府负责。	人力资源社会保障部、财政部、人民银行
11	就业援助	零就业家庭和符合条件的就业困难人员	提供政策咨询、职业指导、岗位信息等服务，使城镇有就业能力的零就业家庭至少一人就业。	地方人民政府负责。	人力资源社会保障部
12	就业见习服务	离校一年内未就业高校毕业生	组织有意愿的离校未就业毕业生参加就业见习；指导见习单位和见习人员签订见习协议，安排带教老师，为见习人员办理人身意外保险；见习单位和地方人民政府为见习人员提供基本生活补助。对见习期满留用率达到50%以上的见习单位，适当提高见习补贴标准。	见习人员基本生活补助所需资金由见习单位和地方人民政府分担。	人力资源社会保障部、财政部

续表

序号	服务项目	服务对象	服务指导标准	支出责任	牵头负责单位
13	大中城市联合招聘服务	有求职愿望的高校毕业生和青年人才以及有招聘需求的各类用人单位	提供大中城市联动、线上线下融合的招聘服务,方便服务对象登录用人单位需求和求职简历库;提供职业能力测试和评估、简历、求职岗位(岗位)信息筛查和需求分析、预约就业创业指导,双向定制推荐岗位(人才)信息、就业创业指导、实用基础课程培训等职业服务。	地方人民政府负责。	人力资源社会保障部
14	职业技能培训和技能鉴定	城乡各类有就业创业、提升岗位技能要求和培训愿望的劳动者	贫困家庭子女、毕业年度高校毕业生、城乡未继续升学的应届初高中毕业生、农村转移就业劳动者、城镇登记失业人员,以及符合条件的企业在职职工可按规定享受职业培训补贴;按规定给予参加劳动预备制培训的农村学员和城市低保家庭学员一定生活费补贴;符合条件人员享受职业技能鉴定补贴。	地方人民政府负责,国家给予适当补助。	人力资源社会保障部、财政部

续表

序号	服务项目	服务对象	服务指导标准	支出责任	牵头负责单位
15	"12333"人力资源和社会保障服务热线电话咨询	所有单位和个人	提供就业、社会保障、劳动关系、人事制度、人才建设、工资收入分配等方面的政策咨询服务。人工服务信息查询服务为5×8小时，自助语音服务为7×24小时，综合接通率达到80%以上。	地方人民政府负责。	人力资源社会保障部
16	劳动关系协调	用人单位和与之建立劳动关系的劳动者	提供劳动关系政策咨询、劳动用工指导，获得劳动合同和集体合同示范文本、劳动纠纷调解、集体协商指导等服务，推动企业劳动合同签订率达到90%以上。	地方人民政府负责。	人力资源社会保障部
17	劳动人事争议调解仲裁	存在劳动人事关系的用人单位和劳动者	提供劳动人事争议调解和仲裁服务，推动劳动人事争议调解成功率达到60%以上，仲裁结案率达到90%以上。	地方人民政府负责。	人力资源社会保障部

续表

序号	服务项目	服务对象	服务指导标准	支出责任	牵头负责单位
18	劳动保障监察	各类用人单位和劳动者	提供法律咨询和执法维权服务。	地方人民政府负责。	人力资源社会保障部
三、基本社会保险					
19	职工基本养老保险	符合条件的参保退休人员	发放基本养老金，包括基础养老金和个人账户养老金，对改革前参加工作、改革后退休的参保人员增发过渡性养老金，建立基本养老金合理调整机制。	用人单位原则上缴纳工资总额20%、职工缴纳本人工资的8%。在基本养老保险基金支出、基本养老保险基金支付不足时财政给予补助。	人力资源社会保障部
20	城乡居民基本养老保险	符合条件的城乡居民	发放基础养老金和个人账户养老金。国家确定的基础养老金最低标准为每人每月70元。根据经济发展和物价变动等情况，建立基础养老金水平合理调整机制。	在基本养老保险基金支出。国家确定基础养老金最低标准，中央财政按国家确定的基础养老金标准给予全额补助，对东部地区给予50%补助。地方人民政府对参保人缴费给予补贴。	人力资源社会保障部、财政部

— 52 —

续表

序号	服务项目	服务对象	服务指导标准	支出责任	牵头负责单位
21	职工基本医疗保险	职工、无雇工的个体工商户、非全日制从业人员及灵活就业人员	政策范围内住院费用支付比例稳定在75%左右。	用人单位缴纳工资总额的6%左右，职工缴纳本人缴费工资的2%。具体缴费比例由各统筹地区规定。	人力资源社会保障部
22	生育保险	各类企业、机关、事业单位、社会团体等用人单位	基金支付生育期间的医疗费和生育津贴，生育津贴按职工所在用人单位上年度职工月平均工资计发。	用人单位按照不超过工资总额1%的比例缴纳生育保险费，累计结余超过9个月的统筹地区，应将费率控制在用人单位工资总额的0.5%以内。具体缴费比例由各统筹地区规定。	人力资源社会保障部
23	城乡居民基本医疗保险	除职工基本医疗保险应参保人员以外的其他所有城乡居民（包括农村人口和城镇非就业人员）	整合城镇居民基本医疗保险和新型农村合作医疗保险，政策范围内住院费用医保基金支付比例稳定在75%左右，大病保险的报销比例达到50%以上。	个人缴费和政府补助相结合。	人力资源社会保障部、国家卫生计生委、财政部

续表

序号	服务项目	服务对象	服务指导标准	支出责任	牵头负责单位
24	失业保险	依法参保并足额缴纳失业保险费的用人单位及其职工、失业人员	对符合条件的失业人员支付失业保险金、基本医疗保险费、丧葬补助金和抚恤金等，对符合条件的企业给予各类稳定岗位补贴。参保人数在1.8亿人左右。	按照《失业保险条例》，城镇企业事业单位按照本单位工资总额的2%缴纳失业保险费，职工按照本人工资的1%缴纳失业保险费，农民合同制工人本人不缴纳失业保险费。按照《人力资源社会保障部财政部关于阶段性降低社会保险费率的通知》（人社部发〔2016〕36号），从2016年5月1日起，失业保险总费率在2015年已降低1个百分点基础上可阶段性降至1%—1.5%，其中个人费率不超过0.5%，降低费率的期限暂按两年执行。具体方案由各省（区、市）确定。	人力资源社会保障部

续表

序号	服务项目	服务对象	服务指导标准	支出责任	牵头负责单位
25	工伤保险	企业、事业单位、社会团体、民办非企业单位、基金会、会计师事务所、律师事务所等组织的职工和个体工商户的雇工	保障因工作遭受事故伤害或者患职业病的职工获得医疗救治和经济补偿，促进工伤预防和职业康复。工伤保险基金和用人单位按规定支付工伤医疗和康复费用、工伤残津贴和补助、生活护理费及工亡补助等。参保人数达到2.2亿人以上。	工伤预防的宣传、培训等费用、劳动能力鉴定费用和工伤保险待遇费用依法由工伤保险基金和用人单位支付。	人力资源社会保障部
四、基本医疗卫生					
26	居民健康档案	城乡居民	为辖区常住人口建立统一、规范的居民电子健康档案，建档率逐步达到90%。	地方人民政府负责，中央财政适当补助。	国家卫生计生委
27	健康教育	城乡居民	提供健康教育、健康咨询等服务。	地方人民政府负责，中央财政适当补助。	国家卫生计生委

续表

序号	服务项目	服务对象	服务指导标准	支出责任	牵头负责单位
28	预防接种	0—6岁儿童和其他重点人群	在重点地区、对重点人群进行针对性接种国家免疫规划疫苗。以乡镇（街道）为单位，适龄儿童免疫规划疫苗接种率逐步达到90%以上。	地方人民政府负责，中央财政适当补助。	国家卫生计生委
29	传染病及突发公共卫生事件报告和处理	法定传染病病人、疑似病人、密切接触者和突发公共卫生事件伤病员及相关人群	就诊的传染病例和疑似病例以及突发公共卫生事件伤病员及时得到发现、登记、报告、处理，提供传染病防治和突发公共卫生事件防范宣传知识和咨询服务。传染病报告和报告及时率均达到95%，突发公共卫生事件相关信息报告率达到100%。	地方人民政府负责，中央财政适当补助。	国家卫生计生委

— 56 —

续表

序号	服务项目	服务对象	服务指导标准	支出责任	牵头负责单位
30	儿童健康管理	0—6岁儿童	提供新生儿访视、儿童保健系统管理、体格检查、生长发育监测及评价和健康指导等服务。0—6岁儿童健康管理率逐步达到90%。	地方人民政府负责，中央财政适当补助。	国家卫生计生委
31	孕产妇健康管理	孕产妇	提供孕期保健、产后访视及健康指导服务。孕产妇系统管理率逐步达到90%以上。	地方人民政府负责，中央财政适当补助。	国家卫生计生委
32	老年人健康管理	65岁及以上老年人	提供生活方式和健康状况评估、体格检查、辅助检查和健康指导等服务。65岁及以上老年人健康管理率逐步达到70%。	地方人民政府负责，中央财政适当补助。	国家卫生计生委
33	慢性病患者管理	原发性高血压患者和Ⅱ型糖尿病患者	提供登记管理、定期随访和体格检查、健康指导服务。全国管理高血压患者约1亿人，糖尿病患者约3500万人。	地方人民政府负责，中央财政适当补助。	国家卫生计生委

续表

序号	服务项目	服务对象	服务指导标准	支出责任	牵头负责单位
34	严重精神障碍患者管理	严重精神障碍患者	提供登记管理、随访指导服务。在册患者管理率和精神分裂症治疗率逐步均达到80%以上。	地方人民政府负责，中央财政适当补助。	国家卫生计生委
35	卫生计生监督协管	城乡居民	提供食品安全信息报告、饮用水卫生安全巡查、学校卫生服务、非法行医和非法采供血信息报告等服务。逐步覆盖90%以上的乡镇。	地方人民政府负责，中央财政适当补助。	国家卫生计生委
36	结核病患者健康管理	辖区内确诊的肺结核患者	提供肺结核筛查及推介转诊、入户随访、督导服药、结果评估等服务。结核病患者健康管理服务率逐步达到90%。	地方人民政府负责，中央财政适当补助。	国家卫生计生委
37	中医药健康管理	65岁以上老人、0—3岁儿童	通过基本公共卫生服务项目为65岁以上老人提供中医体质辨识和中医保健指导服务，为0—3岁儿童提供中医调养服务逐步达到目标人群覆盖率达到65%。	地方人民政府负责，中央财政适当补助。	国家卫生计生委、国家中医药局

续表

序号	服务项目	服务对象	服务指导标准	支出责任	牵头负责单位
38	艾滋病病毒感染者和病人随访管理	艾滋病病毒感染者和病人	在医疗卫生机构指导下，为艾滋病病毒感染者和病人提供随访服务。感染者和病人规范管理率逐步达到90%。	地方人民政府负责，中央财政适当补助。	国家卫生计生委、国家中医药局
39	社区艾滋病高危行为人群干预	艾滋病性传播高危行为人群	为艾滋病性传播高危行为人群提供综合干预措施。干预措施覆盖率逐步达到90%。	地方人民政府负责，中央财政适当补助。	国家卫生计生委
40	免费孕前优生健康检查	农村计划怀孕夫妇	提供健康教育、健康检查、风险评估和咨询指导等孕前优生服务。目标人群覆盖率逐步达到80%。	中央和地方财政按比例分担。	国家卫生计生委
41	基本药物制度	城乡居民	政府办基层医疗卫生机构全部实行基本药物零差率销售，按规定纳入基本医疗保险药品报销目录，逐步提高实际报销水平。	地方人民政府负责，中央财政适当补助。	国家卫生计生委

续表

序号	服务项目	服务对象	服务指导标准	支出责任	牵头负责单位
42	计划生育技术指导咨询	育龄人群	提供计划生育技术指导咨询服务、计划生育相关的临床医疗服务、符合条件的再生育技术服务和计划生育宣传服务。	农村避孕节育技术服务经费由地方财政保障，中央财政对西部困难地区给予补助。	国家卫生计生委、财政部
43	农村部分计划生育家庭奖励扶助	年满60周岁，只生育一个子女或两个女孩的农村计划生育家庭夫妇	发放一定数额的奖励扶助金，并根据经济社会发展水平实行奖励扶助标准动态调整。	中央和地方财政按比例共同负担。	国家卫生计生委、财政部
44	计划生育家庭特别扶助	符合条件的独生子女伤残、死亡的父母及节育手术并发症三级以上人员	根据不同情况，给予适当扶助，并根据经济社会发展水平实行特别扶助标准动态调整。	中央和地方财政按比例共同负担。	国家卫生计生委、财政部
45	食品药品安全保障	城乡居民	对供应城乡居民的食品药品开展监督检查，及时发现并消除风险。对药品医疗器械实施风险分类管理，提高对高风险对象的监管强度。	中央和地方人民政府分类负责。	食品药品监管总局

续表

序号	服务项目	服务对象	服务指导标准	支出责任	牵头负责单位
五、基本社会服务					
46	最低生活保障	家庭成员人均收入低于当地最低生活保障标准，且符合当地最低生活保障家庭财产状况规定的家庭	按照共同生活的家庭成员人均收入低于当地最低生活保障标准的差额，按月发给最低生活保障金。	地方人民政府负责，中央财政对困难地区适当补助。	民政部、财政部
47	特困人员救助供养	无劳动能力、无生活来源且无法定赡养、抚养、扶养义务人，或者其法定义务人无赡养、抚养、扶养能力的老年人、残疾人以及未满16周岁的未成年人	提供基本生活条件；对生活不能自理的给予照料；提供疾病治疗；办理丧葬事宜。对符合规定标准的住房困难的分散供养特困人员，给予住房救助；对在义务教育阶段就学的特困人员，给予义务教育阶段教育救助；对在高中教育（含中职）、普通高等教育阶段就学的特困人员，根据实际情况给予适当教育救助。	地方人民政府负责，中央财政对困难地区适当补助。	民政部、财政部

续表

序号	服务项目	服务对象	服务指导标准	支出责任	牵头负责单位
48	医疗救助	重点救助对象：最低生活保障家庭成员和特困救助供养人员。低收入救助对象：低收入家庭的老年人、未成年人、重度残疾人和重病患者，以及其他特殊困难人员。重特大疾病医疗救助对象：除上述救助对象以外，还包括因病致贫家庭重病患者。疾病应急救助对象：在中国境内发生急重危伤病、需要急救但身份不明确或无力支付相应费用的患者。	对重点救助对象参加城乡居民基本医疗保险的个人缴费部分进行补贴，对特困救助供养人员给予全额资助，对最低生活保障家庭成员给予定额资助。重点救助对象在定点医疗机构发生的政策范围内住院费用中，对经过基本医疗保险、城乡居民大病保险、商业保险各类补充医疗保险、商业保险等报销后个人负担的合规医疗费用，在年度救助限额内按不低于70%的比例给予救助。对重点救助对象和低收入救助对象经基本医疗保险、城乡居民大病保险及各类补充医疗保险、商业保险等报销后个人负担的合规医疗费用，直接予以补助；因病致贫家庭重病患者等其他救助对象负担的合规医疗费用，先由其个人支付，对超过家庭负担能力的部分予以救助。医疗机构对疾病应急救助对象紧急救治所发生的费用，可向疾病应急救助基金申请补助。	地方人民政府负责，中央财政适当补助。	民政部、国家卫生计生委、财政部

续表

序号	服务项目	服务对象	服务指导标准	支出责任	牵头负责单位
49	临时救助	家庭对象：因火灾、交通事故等意外事件，家庭成员突发重大疾病等原因，导致基本生活暂时出现严重困难的家庭；因生活必需支出突然增加超出家庭承受能力，导致基本生活暂时出现严重困难的最低生活保障家庭；遭遇其他特殊困难的家庭。个人对象：因遭遇火灾、交通事故、突发重大疾病或其他特殊困难，暂时无法得到家庭支持，导致基本生活陷入困境的个人。	为救助对象发放临时救助金；根据临时救助标准和救助对象基本生活需要，发放衣物、食品、饮用水，提供临时住所，对给予临时救助金、实物救助后，仍不能解决临时救助对象困难的，可分情况提供转介服务。县级以上地方人民政府根据救助对象困难程度，统筹考虑其他社会救助制度保障水平，合理确定临时救助标准，并适时调整。	地方人民政府负责，中央财政对困难地区适当补助。	民政部、财政部

— 63 —

续表

序号	服务项目	服务对象	服务指导标准	支出责任	牵头负责单位
50	受灾人员救助	基本生活受到自然灾害严重影响的人员	及时为受灾人员提供必要的食品、饮用水、衣被、取暖、临时住所、医疗防疫等应急救助;对住房损毁严重的受灾人员进行过渡性安置;及时核实本行政区域内居民住房恢复重建补助对象,并给予资金、物资等救助;受灾地区人民政府应当为因灾到冬寒或者次年春荒遇到生活困难的受灾人员提供基本生活救助。	中央和地方人民政府共同负责。	民政部、财政部
51	法律援助	经济困难公民和特殊案件当事人	提供必要的法律咨询、代理、刑事辩护等无偿法律服务。	地方人民政府负责,中央财政引导地方加大投入力度。	司法部、财政部
52	老年人福利补贴	经济困难的高龄、失能老年人	对经济困难的高龄老年人,逐步给予养老服务补贴;对生活长期不能自理、经济困难的老年人,给予护理补贴。	地方人民政府负责。	民政部、财政部

续表

序号	服务项目	服务对象	服务指导标准	支出责任	牵头负责单位
53	困境儿童保障	因家庭贫困导致生活、就医、就学等困难的儿童，因自身残疾导致康复、照料、护理和社会融入等困难的儿童，以及因家庭监护缺失或监护不当，遭受虐待、遗弃、意外伤害、不法侵害等导致人身安全受到威胁或侵害的儿童	为困境儿童提供基本生活、基本医疗、教育等服务，落实监护责任。各地统筹考虑困境儿童的困难类型、困难程度、致困原因，完善落实社会救助、社会福利等保障政策。	地方人民政府负责。	民政部、财政部
54	农村留守儿童关爱保护	父母双方外出务工或一方外出务工另一方无监护能力，未满16周岁的农村户籍未成年人	强化家庭监护主体责任；落实县、乡镇人民政府和村（居）民委员会职责；加大教育保护力度和学校关爱保护力度；动员群团组织开展关爱服务；推动社会力量积极参与。	地方人民政府负责。	民政部

续表

序号	服务项目	服务对象	服务指导标准	支出责任	牵头负责单位
55	基本殡葬服务	执行国家殡葬政策的困难群众	为城乡困难群众贴补方式减免费用或以提供遗体接运、暂存、火化、骨灰寄存等基本殡葬服务；为困难群众免费或低收费提供骨灰节地生态安葬服务。	地方人民政府负责。	民政部、财政部
56	优待抚恤	享受国家抚恤补助的优抚人员	建立完善优抚对象待遇与贡献相一致的优抚保障体系，将优抚对象优先人群覆盖一般群众的救助、养老、医疗、住房以及残疾人保障等各项社会保障制度体系。	中央和地方人民政府分级负担。	民政部、财政部
57	退役军人安置	退役军人	自主就业的，在领取退役金后，按规定享受扶持就业优惠政策；其他分别采取安排工作、退休、供养等方式予以安置。	中央和地方人民政府共同负责。	民政部、财政部

续表

序号	服务项目	服务对象	服务指导标准	支出责任	牵头负责单位
58	重点优抚对象集中供养	需要常年医疗或者独身一人不便分散安置的一级至四级残疾退役军人；老年、残疾或者未满16周岁的烈士遗属，因公牺牲军人遗属，病故军人遗属和进入人老年的残疾军人、复员军人、退伍军人中无法定赡养人（扶养人、抚养人）或赡养人（扶养人、抚养人）无能力（扶养、抚养）能力且享受国家定期抚恤补助待遇的优抚对象	建立完善优抚对象待遇与贡献相一致的优抚保障体系，依托优抚医院、光荣院，给予符合条件的优抚对象集中供养、医疗等保障。	中央和地方人民政府共同负责。	民政部、财政部

— 67 —

续表

序号	服务项目	服务对象	服务指导标准	支出责任	牵头负责单位
六、基本住房保障					
59	公共租赁住房	符合条件的城镇家庭收入住房困难家庭、城镇中等偏下收入住房困难家庭、新就业无房职工、城镇稳定就业的外来务工人员	实行实物保障与货币补贴并举,并逐步加大租赁补贴发放力度。	市、县级人民政府负责,引导社会资金投入,省级人民政府给予资金支持,中央财政给予资金补助。	住房城乡建设部、财政部
60	城镇棚户区住房改造	符合条件的城镇居民	实物安置和货币补偿相结合,具体标准由市、县级人民政府确定(有国家标准的,执行国家标准)。全国开工改造包括城市危房、城中村在内的各类棚户区住房2000万套。	政府给予适当补助,企业安排一定的资金,住户承担一部分住房改善费用。	住房城乡建设部、财政部

续表

序号	服务项目	服务对象	服务指导标准	支出责任	牵头负责单位
61	农村危房改造	居住在危房中的建档立卡贫困户、分散供养特困人员、低保户、贫困残疾人家庭等贫困农户	支持符合条件的贫困农户改造危房，各省份确定不同地区、不同类型的省级分类补助标准，中央财政给予适当补助，基本完成存量危房改造任务。地震设防地区结合危房改造，统筹开展农房抗震改造。	地方人民政府负责，中央财政安排补助资金，地方财政给予资金支持，个人自筹等相结合。	住房城乡建设部、财政部
七、基本公共文化体育					
62	公共文化设施免费开放	城乡居民	公共图书馆、文化馆（站）、公共博物馆（非文物建筑及遗址类）、公共美术馆等公共文化设施免费开放，基本服务项目健全。	地方人民政府负责，中央财政适当补助。	文化部、国家文物局、财政部
63	送地方戏	农村居民	根据群众实际需求，采取政府购买服务等方式，为农村乡镇每年提供戏曲等文艺演出服务。	地方人民政府负责，中央财政适当补助。	文化部、教育部、新闻出版广电总局、财政部

续表

序号	服务项目	服务对象	服务指导标准	支出责任	牵头负责单位
64	收听广播	城乡居民	为全民提供突发事件应急广播服务。通过直播卫星提供不少于17套广播节目,通过无线模拟提供不少于6套广播节目,通过数字音频提供不少于15套广播节目。	中央和地方人民政府共同负责。	新闻出版广电总局、财政部
65	观看电视	城乡居民	通过直播卫星提供25套电视节目,通过地面数字电视提供不少于15套电视节目,未完成无线数字化转换的地区提供不少于5套电视节目。	中央和地方人民政府共同负责。	新闻出版广电总局、财政部
66	观赏电影	农村居民、中小学生	为农村群众提供数字电影放映服务,其中每年国产新片(院线上映不超过2年)比例不少于1/3。为中小学生每学期提供2部爱国主义教育影片。	地方人民政府负责,中央财政适当补助。	新闻出版广电总局、财政部

— 70 —

续表

序号	服务项目	服务对象	服务指导标准	支出责任	牵头负责单位
67	读书看报	城乡居民	公共图书馆（室）、文化馆（站）和行政村（社区）综合文化服务中心（含农家书屋）等配备图书，并免费提供借阅服务；报刊和电子书刊，在城镇主要街道、公共场所、居民小区等人流密集地点设置公共阅报栏（屏），提供时政、"三农"、科普、文化、生活等方面的信息服务。	地方人民政府负责，中央财政适当补助。	文化部、新闻出版广电总局、财政部
68	少数民族文化服务	主要少数民族地区居民	通过有线、无线、卫星等方式提供民族语言广播影视节目；提供民族语言文字出版物的，价格适宜的常用书报刊、电子音像制品和数字出版产品。提供少数民族特色的艺术作品，开展少数民族文化活动。	地方人民政府负责，中央财政对部分事项予以补助。	新闻出版广电总局、文化部、财政部

续表

序号	服务项目	服务对象	服务指导标准	支出责任	牵头负责单位
69	参观文化遗产	未成年人、老年人、现役军人、残疾人和低收入人群	参观文物建筑及遗址类博物馆实行门票减免，文化和自然遗产日免费参观。	中央和地方财政分别负担。	国家文物局、财政部
70	公共体育场馆开放	城乡居民	有条件的公共体育设施免费或低收费开放；推进学校体育设施逐步向公众开放。	地方人民政府负责，中央财政对部分事项予以补助。	体育总局、教育部、财政部
71	全民健身服务	城乡居民	提供科学健身指导、群众健身活动和比赛；科学健身知识等服务；免费提供公园、绿地等公共场所全民健身器材。	地方人民政府负责，中央财政对部分事项予以补助。	体育总局、教育部、财政部

八、残疾人基本公共服务

序号	服务项目	服务对象	服务指导标准	支出责任	牵头负责单位
72	困难残疾人生活补贴和重度残疾人护理补贴	困难残疾人和重度残疾人	为低保家庭中的残疾人提供生活补贴，为残疾等级被评定为一级、二级且需要长期照护的重度残疾人提供护理补贴。有条件的地方可逐步提高补贴标准、扩大补贴范围。	地方人民政府负责，中央财政适当补助。	民政部、财政部、中国残联

续表

序号	服务项目	服务对象	服务指导标准	支出责任	牵头负责单位
73	无业重度残疾人最低生活保障	生活困难、靠家庭供养且无法单独立户的成年无业重度残疾人	经个人申请，可按照单人户纳入最低生活保障范围。	地方人民政府负责，中央财政适当补助。	民政部、中国残联
74	残疾人基本社会保险个人缴费资助和保险待遇	贫困和重度残疾人	为参加居民基本养老保险、居民基本医疗保险的服务对象按规定提供个人缴费补贴；将符合规定的医疗康复项目、基本的治疗性康复辅助器具逐步纳入基本医疗保障范围。	缴费资助由地方人民政府负责或医疗救助基金支出；报销由基本医疗保险基金支出。	人力资源社会保障部、民政部、国家卫生计生委、中国残联
75	残疾人基本住房保障	残疾人	对符合基本住房保障条件的城镇残疾人家庭给予优先轮候、优先选房等政策；同等条件下优先为经济困难的残疾人家庭实施农村危房改造，完成农村贫困残疾人家庭存量危房改造任务。	由地方人民政府负责，中央财政补助资金支持，地方财政给予资金支出，个人自筹等相结合。	住房城乡建设部、中国残联

续表

序号	服务项目	服务对象	服务指导标准	支出责任	牵头负责单位
76	残疾人托养服务	就业年龄段智力、精神及重度肢体残疾人	支持日间照料机构和专业托养服务机构为100万残疾人提供护理照料、生活自理能力和社会适应能力训练、职业康复、劳动技能培训、辅助性就业等服务。	地方人民政府负责，中央财政适当补助。	中国残联、财政部
77	残疾人康复	有康复需求的持证残疾人、残疾儿童	提供康复建档、评估、训练、心理疏导、辅具适配、生活照料、咨询、指导和转介等基本康复服务；开展残疾儿童康复救助，逐步为0—6岁视力、听力、言语、智力、肢体残疾儿童和孤独症儿童免费提供手术、辅助器具配置和康复训练等服务。	地方人民政府负责，中央财政适当补助。	中国残联、国家卫生计生委、民政部

续表

序号	服务项目	服务对象	服务指导标准	支出责任	牵头负责单位
78	残疾人教育	残疾儿童、青少年	逐步为家庭经济困难的残疾学生提供包括义务教育、高中阶段教育在内的12年免费教育；对残疾儿童普惠性学前教育予以资助；对残疾学生特殊学习用品、教育训练、交通费等予以补助。	地方人民政府负责，中央财政适当补助。	财政部、教育部、中国残联
79	残疾人职业培训和就业服务	有劳动能力和就业意愿的城乡残疾人	各级公共就业服务机构及残疾人就业服务机构按规定为城镇残疾人提供有针对性的职业技能培训、岗位技能提升培训、创业培训等就业创业服务；为50万中西部地区农村贫困残疾人提供农业实用技术培训。	地方人民政府负责，中央财政适当补助。	中国残联、人力资源社会保障部、农业部

续表

序号	服务项目	服务对象	服务指导标准	支出责任	牵头负责单位
80	残疾人文化体育	残疾人	能够收看到有字幕或手语版的电视节目,在公共图书馆读到盲文和有声读物等阅读服务;为基层残疾人体育活动场所和残疾人综合服务设施配置适宜的器材器械。	地方人民政府负责,中央财政适当补助。	中国残联、文化部、新闻出版广电总局、体育总局
81	无障碍环境支持	残疾人、老年人等	推进公共场所和设施无障碍改造;对贫困重度残疾人家庭继续开展无障碍改造;逐步开展互联网和移动互联网无障碍信息服务。	地方人民政府负责。	住房城乡建设部、工业和信息化部、中国残联

附件2

重点任务分工方案

序号	重点任务	责任单位
1	完善国家基本公共服务制度，建立基本公共服务清单制，建立健全科学有效的基本公共服务实施机制。	国家发展改革委牵头，其他有关部门按职责分工负责
2	推动基本公共教育领域发展指标、重点任务、保障措施有效落实。	教育部牵头，其他有关部门按职责分工负责
3	推动基本劳动就业创业领域发展指标、重点任务、保障措施有效落实。	人力资源社会保障部牵头，其他有关部门按职责分工负责
4	推动基本社会保险领域发展指标、重点任务、保障措施有效落实。	人力资源社会保障部牵头，其他有关部门按职责分工负责
5	推动基本医疗卫生领域发展指标、重点任务、保障措施有效落实。	国家卫生计生委、食品药品监管总局、国家中医药局分别牵头，其他有关部门按职责分工负责
6	推动基本社会服务领域发展指标、重点任务、保障措施有效落实。	民政部牵头，其他有关部门按职责分工负责
7	推动基本住房保障领域发展指标、重点任务、保障措施有效落实。	住房城乡建设部牵头，其他有关部门按职责分工负责
8	推动基本公共文化体育领域发展指标、重点任务、保障措施有效落实。	文化部、新闻出版广电总局、体育总局、国家文物局分别牵头，其他有关部门按职责分工负责

续表

序号	重点任务	责任单位
9	推动残疾人基本公共服务领域发展指标、重点任务、保障措施有效落实。	中国残联牵头,其他有关部门按职责分工负责
10	开展贫困地区脱贫攻坚。	国务院扶贫办牵头,其他有关部门按职责分工负责
11	重点帮扶特殊困难人群。	民政部牵头,其他有关部门按职责分工负责
12	促进基本公共服务城镇常住人口全覆盖。	公安部牵头,其他有关部门按职责分工负责
13	缩小城乡基本公共服务差距,提高区域服务均等化水平,夯实基层服务基础。	国家发展改革委、财政部牵头,其他有关部门按职责分工负责
14	加快事业单位分类改革,理顺政府与事业单位在基本公共服务供给中的关系。	中央编办牵头,其他有关部门按职责分工负责
15	大力发展社会组织,支持其承接基层基本公共服务和政府委托事项。	民政部牵头,其他有关部门按职责分工负责
16	推进政府购买公共服务。	财政部牵头,其他有关部门按职责分工负责
17	积极引导社会力量参与基本公共服务供给,加强政府和社会资本合作。	财政部、国家发展改革委牵头,其他有关部门按职责分工负责
18	鼓励发展志愿和慈善服务,扩大基本公共服务供给。	民政部牵头,其他有关部门按职责分工负责
19	加大财政对基本公共服务的投入力度,优化转移支付结构,提高资金使用效率。	财政部牵头,其他有关部门按职责分工负责

续表

序号	重点任务	责任单位
20	加强公共服务人才培养培训。	教育部、人力资源社会保障部牵头,其他有关部门按职责分工负责
21	促进公共服务人才合理流动,提升基层人员能力。	人力资源社会保障部牵头,其他有关部门按职责分工负责
22	加强公共服务设施规划布局和用地保障。	住房城乡建设部、国土资源部牵头,其他有关部门按职责分工负责
23	建立健全公共服务标准体系。	质检总局牵头,其他有关部门按职责分工负责
24	加强公共服务行业自律和社会监督,强化社会信用体系支撑。	国家发展改革委牵头,其他有关部门按职责分工负责
25	建立健全基本公共服务综合评估指标体系,推进统计信息库建设,开展年度统计监测。	国家发展改革委、国家统计局牵头,其他有关部门按职责分工负责
26	组织规划评估,加强绩效评价和监督问责。	国家发展改革委牵头,地方各级人民政府和其他有关部门按职责分工负责

关于加快构建现代公共文化服务体系的意见

(摘自中央政府门户网站)

新华社北京 2015 年 1 月 14 日电 近日，中共中央办公厅、国务院办公厅印发了《关于加快构建现代公共文化服务体系的意见》，并发出通知，要求各地区各部门结合实际认真贯彻执行。

《关于加快构建现代公共文化服务体系的意见》全文如下。

近年来，在党中央、国务院高度重视下，我国公共文化建设投入稳步增长，覆盖城乡的公共文化服务设施网络基本建立，公共文化服务效能明显提高，人民群众精神文化生活不断改善，公共文化服务体系建设取得显著成效，呈现出整体推进、重点突破、全面提升的良好发展态势。但是，与当前经济社会发展水平和人民群众日益增长的精神文化需求相比，与基本建成公共文化服务体系的目标要求相比，公共文化服务体系建设水平仍然有待提高。在新的形势下，构建现代公共文化服务体系，是保障和改善民生的重要举措，是全面深化文化体制改革、促进文化事业繁荣发展的必然要求，是弘扬社会主义核心价值观、建设社会主义文化强国的重大任务。为贯彻党的十八届三中全会审议通过的《中共中央关于全面深化改革若干重大问题的决定》的有关要求，加快构建现代公共文化服务体系，现提出如下意见。

一、总体要求

（一）指导思想。以邓小平理论、"三个代表"重要思想、科学发展观为指导，贯彻落实党的十八大和十八届三中、四中全会精神，贯彻落实习近平总书记系列重要讲话精神，按照全面建成小康社会的总体要求，牢固树立以人民为中心的工作导向，以改革创新为动力,以基层为重点,构建体现时代发展趋势、适应社会主义初级阶段基本国情和市场经济要求、符合文化发展规律、具有中国特色的现代公共文化服务体系,促进基本公共文化服务标准化、均等化,推动社会主义文化大发展大繁荣,提高全民族文化素质,增强民族凝聚力,为实现中华民族伟大复兴中国梦提供强大的精神动力和文化支撑。

(二) 基本原则

坚持正确导向。以人民为中心,以社会主义核心价值观为引领,发展先进文化,创新传统文化,扶持通俗文化,引导流行文化,改造落后文化,抵制有害文化,巩固基层文化阵地,促进在全社会形成积极向上的精神追求和健康文明的生活方式。

坚持政府主导。从基本国情出发,认真研究人民群众的精神文化需求,因地制宜,科学规划,分类指导,按照一定标准推动实现基本公共文化服务均等化,切实保障人民群众基本文化权益,促进实现社会公平。

坚持社会参与。简政放权,减少行政审批项目,引入市场机制,激发各类社会主体参与公共文化服务的积极性,提供多样化的产品和服务,增强发展活力,积极培育和引导群众文化消费需求。

坚持共建共享。加强统筹管理,建立协同机制,明确责任,优化配置各方资源,做到物尽其用、人尽其才,发挥整体优势,提升综合效益。

坚持改革创新。加快转变政府职能,完善管理体制机制,创新公共文化服务内容和形式,促进文化与科技深度融合,推动文化事业和文化产业协调发展。

(三) 主要目标。到2020年,基本建成覆盖城乡、便捷高效、保基本、促公平的现代公共文化服务体系。公共文化设施网络全面覆盖、互联互通,公共文化服务的内容和手段更加丰富,服务质量显著提升,公共文化管理、运行和保障机制进一步完善,政府、市场、社会共同参与公共文化服务体系建设的格局逐步形成，人民群众基本文化权益得到更好保障，基本公共文化服务均等化水平稳步提高。

二、统筹推进公共文化服务均衡发展

（四）促进城乡基本公共文化服务均等化。把城乡基本公共文化服务均等化纳入国民经济和社会发展总体规划及城乡规划。根据城镇化发展趋势和城乡常住人口变化，统筹城乡公共文化设施布局、服务提供、队伍建设、资金保障，均衡配置公共文化资源。整合利用闲置学校等现有城乡公共设施，依托城乡社区综合服务设施，加强城市社区和农村文化设施建设。拓展重大文化惠民项目服务"三农"内容。加大对农村民间文化艺术的扶持力度，推进"三农"出版物出版发行、广播电视涉农节目制作和农村题材文艺作品创作。完善农家书屋出版物补充更新工作。统筹推进农村地区广播电视用户接收设备配备工作，鼓励建设农村广播电视维修服务网点。大力开展流动服务和数字服务，打通公共文化服务"最后一公里"。建立公共文化服务城乡联动机制。以县级文化馆、图书馆为中心推进总分馆制建设，加强对农家书屋的统筹管理，实现农村、城市社区公共文化服务资源整合和互联互通。推进城乡"结对子、种文化"，加强城市对农村文化建设的帮扶，形成常态化工作机制。

（五）推动革命老区、民族地区、边疆地区、贫困地区公共文化建设实现跨越式发展。与国家扶贫开发攻坚战略结合，编制老少边穷地区公共文化服务体系建设发展规划纲要。根据国家基本公共文化服务指导标准，明确老少边穷地区服务和资源缺口，按照精准扶贫的要求，以广播电视服务网络、数字文化服务、乡土人才培养、流动文化服务、农村留守妇女儿童文化帮扶等为重点，集中实施一批文化扶贫项目。落实对国家在贫困地区安排的公益性文化建设项目取消县以下（含县）及西部地区集中连片特困地区市地级配套资金的政策。加强边境地区基层公共文化设施建设。促进地区对口帮扶，加大人才交流和项目支援力度。深入实施边远贫困地区、边疆民族地区、革命老区人才文化工作者专项支持计划。支持老少边穷地区挖掘、开发、利用民族民间文化资源,充实公共文化服务内容。力争在较短时间内使老少边穷地区公共文化服务能力和水平有明显改善。

(六)保障特殊群体基本文化权益。将老年人、未成年人、残疾人、农民工、农村留守妇女儿童、生活困难群众作为公共文化服务的重点对象。积极开展面向老年人、未成年人的公益性文化艺术培训服务、演展和科技普及活动。开展学龄前儿童基础阅读促进工作和向中小学生推荐优秀出版物、影片、戏曲工作。指导互联网网站、互联网文化企业等开发制作有利于青少年身心健康的优秀作品。将中小学生定期参观博物馆、美术馆、纪念馆、科技馆纳入中小学教育教学活动计划。加强乡村学校少年宫建设。实施青少年体育活动促进计划。公共文化服务机构要为残疾人提供无障碍设施。实施盲文出版项目,开发视听读物,建设有声图书馆,鼓励和支持有条件的电视台增加手语节目或加配字幕。加强对残疾人文化艺术的扶持力度。加快将农民工文化建设纳入常住地公共文化服务体系,以公共文化机构、社区和用工企业为实施主体,满足农民工群体尤其是新生代农民工的基本文化需求。

(七)建立基本公共文化服务标准体系。以人民群众基本文化需求为导向,围绕看电视、听广播、读书看报、参加公共文化活动等群众基本文化权益,根据国家经济社会发展水平和供给能力,明确国家基本公共文化服务的内容、种类、数量和水平,以及应具备的公共文化服务基本条件和各级政府的保障责任,确立国家基本公共文化服务指导标准,明确政府保障底线,做到保障基本、统一规范。各地要根据国家指导标准,制定与当地经济社会发展水平相适应、具有地域特色的地方实施标准,逐步形成既有基本共性又有特色个性、上下衔接的标准指标体系。标准以县为基本单位推进落实。建立基本公共文化服务标准动态调整机制,根据经济社会的发展变化，适时调整提高具体指标。

（八）提升公共文化设施建设、管理和服务水平。健全公共文化设施布局、土地使用、建设规模、设计和施工规范以及技术要求等标准。按照城乡人口发展和分布，坚持均衡配置、严格预留、规模适当、功能优先、经济适用、节能环保的原则，合理规划建设各类公共文化设施。结合基层公共服务设施建设，制定村（社区）综合公共文化服务中心建设标准，充分利用现有城乡公共设施，统筹建设集宣传文化、党员教育、科技普及、普法教育、体育健身等多功能于一体的基层公共文化服务中心，配套建设群众文体活动场地。坚持设施建设和运行管理并重，健全公共文化设施运行管理和服务标准体系，规范各级各类公共文化机构服务项目和服务流程，完善内部管理制度，提高服务水平。

三、增强公共文化服务发展动力

（九）培育和促进文化消费。在公共文化服务体系建设中统筹考虑群众的基本文化需求和多样化文化需求，推动公共文化服务向优质服务转变，实现标准化和个性化服务的有机统一。广泛开展公益性文化艺术活动，培养健康向上的文艺爱好，扩大和提升文化消费需求。鼓励有条件的公共文化机构挖掘特色资源，加强文化创意产品研发，创新文化产品和服务内容。完善公益性演出补贴制度，通过票价补贴、剧场运营补贴等方式，支持艺术表演团体提供公益性演出。鼓励在商业演出和电影放映中安排低价场次或门票，鼓励出版适应群众购买能力的图书报刊，鼓励网络文化运营商开发更多低收费业务，推动经营性文化设施、非物质文化遗产传习场所和传统民俗文化活动场所等向公众提供优惠或免费的公益性文化服务。积极发展与公共文化服务相关联的教育培训、体育健身、演艺会展、旅游休闲等产业，引导和支持各类文化企业开发公共文化产品和服务，满足人民群众多层次的文化消费需求。

（十）鼓励和引导社会力量参与。进一步简政放权，减少行政审批项目，吸引社会资本投入公共文化领域。建立健全政府向社会力量购买公共文化服务机制。出台政府购买公共文化服务指导性意见和目录，将政府购买公共文化服务资金纳入财政预算。推广运用政府和社会资本合作等模式，促进公共文化服务提供主体和提供方式多元化。鼓励和支持社会力量通过投资或捐助设施设备、兴办实体、资助项目、赞助活动、提供产品和服务等方式参与公共文化服务体系建设。推动建立健全公开透明的社会捐赠管理制度。鼓励党政机关、国有企事业单位和学校的各类文体设施向社会免费或优惠开放。创新公共文化设施管理模式，有条件的地方可探索开展公共文化设施社会化运营试点，通过委托或招投标等方式吸引有实力的社会组织和企业参与公共文化设施的运营。

（十一）培育和规范文化类社会组织。加强对文化类行业协会、基金会、民办非企业单位等社会组织的引导、扶持和管理，促进规范有序发展。制定完善关于文化类社会组织的规章，明确功能定位。鼓励各类公共文化服务机构成立行业协会，发挥其在行业自律、行业管理、行业交流等方面的重要作用。加快推进文化行业协会与行政机关脱钩，将适合由社会组织提供的公共文化服务事项交由社会组织承担。引导文化类社会组织依法依规开展公共文化服务。加大政府向文化类社会组织购买服务力度。加强政府管理和社会监督，严格执行社会组织年检制度和信息公开制度，开展运营绩效评估和社会信用评估，实现依法管理、依法运营。

（十二）大力推进文化志愿服务。大力弘扬志愿服务精神，坚持志愿服务与政府服务、市场服务相衔接，奉献社会与自我发展相统一，社会倡导和自愿参与相结合，构建参与广泛、内容丰富、形式多样、机制健全的文化志愿服务体系。创新服务内容、工作方式和活动载体，探索具有地方或行业特色的文化志愿服务模式。完善文化志愿者注册招募、服务记录、管理评价和激励保障机制。动员组织专家学者、艺术家、优秀运动员等社会知名人士参加志愿服务，提高社会影响力。要建立"结对子、种文化"工作机制，推动专业艺术院团、体育运动队和艺术体育院校等到基层教、学、帮、带，建立志愿服务下基层制度。加强对文化志愿队伍的培训，提升文化志愿者的服务意识、服务能力和服务水平。

四、加强公共文化产品和服务供给

（十三）提升公共文化服务效能。完善公共文化设施免费开放的保障机制。深入推进公共图书馆、博物馆、文化馆、纪念馆、美术馆等免费开放工作，逐步将民族博物馆、行业博物馆纳入免费开放范围。推动科技馆、工人文化宫、妇女儿童活动中心以及青少年校外活动场所免费提供基本公共文化服务项目。建立群众文化需求反馈机制，及时准确了解和掌握群众文化需求，制定公共文化服务提供目录，开展"菜单式"、"订单式"服务。加强公共文化服务品牌建设，推动形成具有鲜明特色和社会影响力的服务项目。加大对跨部门、跨行业、跨地域公共文化资源的整合力度。以行业联盟等形式，开展馆际合作，推进公共文化机构互联互通，开展文化服务"一卡通"、公共文化巡展巡讲巡演等服务，实现区域文化共建共享。加强基层广播电视播出机构服务能力建设。充分利用广播、电视、网络双向互动功能，为各级政府部门便民服务提供窗口和平台。

（十四）丰富优秀公共文化产品供给。进一步发挥国家级评奖和艺术、出版等基金的引导带动作用，创作生产更多传播当代中国价值观念、体现中华文化精神、反映中国人审美追求，思想性、艺术性、观赏性有机统一的优秀文化产品。建立优秀传统文化传承和发展体系。加强戏曲等优秀文化艺术的普及推广工作。开展优秀文化遗产、高雅艺术进校园、进社区，推进送戏、送书、送电影下乡等项目和优秀出版物推荐活动。提高网络文化产品和服务供给能力，促进优秀传统文化瑰宝和当代文化精品网络传播。推动少数民族地区广播电视播出机构在推广国家通用语言文字的同时，开办少数民族语言的频率频道，提高少数民族语言节目译制、制作、播映和传输覆盖能力；继续实施少数民族新闻出版"东风工程"，加强少数民族文字及双语出版物的出版发行和少数民族语言文艺作品的创作；推进少数民族语言文字网站建设。加强知识产权审核和版权保护，防止侵权或盗版产品进入公共文化服务供给体系。大力发展公益广告，有效推广公益慈善理念。

（十五）活跃群众文化生活。深入开展全民阅读活动，推动全民阅读进家庭、进社区、进校园、进农村、进企业、进机关。积极开展全民艺术普及、全民健身、全民科普和群众性法治文化活动。实施基层特色文化品牌建设项目，以富有时代感的内容形式，吸引更多群众参与文化活动。引导广场文化活动健康、规范、有序开展。推进民间文化艺术之乡建设。以"我们的节日"为主题，组织开展群众性节日民俗活动；传承和发展民族民间传统体育，广泛开展形式多样的群众性体育活动。鼓励群众自办文化，支持成立各类群众文化团队。通过组织示范性展演等形式，为民间文化队伍提供展示交流的平台。推进红色文化、社区文化、乡土文化、校园文化、企业文化、军旅文化、家庭文化建设，培育积极健康、多姿多彩的社会文化形态。促进边疆少数民族地区和其他地区群众文化交往交流交融。加强群众性文化活动的国际交流，支持群众文化走出去，形成多层次的对外文化交流格局。

五、推进公共文化服务与科技融合发展

（十六）加大文化科技创新力度。围绕公共文化服务体系建设的重大科技需求，发挥文化和科技相互促进的作用，结合中央财政科技计划（专项、基金等）管理改革要求，将公共文化科技创新纳入科技发展专项规划，深入实施国家文化科技创新工程。研究制定公共文化服务领域科技标准规范。开展文化专用装备、软件、系统的研发应用，推进公共文化服务创新手段、提高效能。加强科技成果转化应用，实施一批公共文化服务科技创新应用示范项目；支持公共文化机构、科研院所、高科技企业合作开展各类关键技术研究。依托国家公共文化服务体系建设示范区（项目）、高新技术园区和可持续发展实验区，开展公共文化服务与科技融合示范工作。

（十七）加快推进公共文化服务数字化建设。结合"宽带中国"、"智慧城市"等国家重大信息工程建设，加快推进公共文化机构数字化建设。统筹实施全国文化信息资源共享、数字图书馆博物馆建设、直播卫星广播电视公共服务、农村数字电影放映、数字农家书屋、城乡电子阅报屏建设等项目，构建标准统一、互联互通的公共数字文化服务网络，在基层实现共建共享。提高资源供给能力，科学规划公共数字文化资源建设，建设分布式资源库群，鼓励各地整合中华优秀文化资源，开发特色数字文化产品。支持数字版权公共服务平台建设，实现公共数字文化资源有效保护。加强公共文化大数据采集、存储和分析处理。加快推进数字文化资源在智能社区中的应用，实现"一站式"服务。

（十八）提升公共文化服务现代传播能力。着眼于形成与我国经济社会发展水平相称的传播能力，加快构建现代文化传播体系，保障信息传播的高效快捷和安全有序。灵活运用宽带互联网、移动互联网、广播电视网、卫星网络等手段，拓宽公共文化资源传输渠道。大力推进"三网融合"，促进高清电视、互动电视、交互式网络电视（IPTV）、手机电视等新业务发展，推广数字智能终端、移动终端等新型载体。推进数字出版，构建数字出版物传播平台。加强广播电视台、发射台（站）、监测台（站）建设，继续实施广播电视高山无线发射台站建设工程。积极推进有线电视网络建设和数字化双向化改造，加快推进直播卫星和地面数字电视覆盖建设，努力实现广播电视户户通。实施国家和地方应急广播工程，完善应急广播覆盖网络，打造基层政务信息发布、政策宣讲和灾害预警应急指挥平台。

六、创新公共文化管理体制和运行机制

（十九）建立公共文化服务体系建设协调机制。立足当前公共文化服务体系建设实际，完善党委领导、政府管理、部门协同、权责明确、统筹推进的公共文化服务体系建设管理制度。以国家公共文化服务体系建设协调组为平台，由文化部门牵头，充分发挥各部门职能作用和资源优势，在规划编制、政策衔接、标准制定和实施等方面加强统筹、整体设计、协调推进。各地要根据实际，建立相应的协调机制。推进国家公共文化服务体系示范区（项目）创建。发挥基层党委和政府作用，建立统一的基层公共文化服务平台，加强各类重大文化项目的统筹实施，探索整合基层公共文化服务资源的方式和途径，实现共建共享，提升综合效益。

（二十）加大公益性文化事业单位改革力度。按照关于深化文化体制改革和推进事业单位分类改革的要求，理顺政府和公益性文化事业单位之间的关系，探索管办分离的有效形式。进一步落实公益性文化事业单位法人自主权，强化公共服务功能，增强发展活力，发挥公共文化服务骨干作用。全面推进人事制度、收入分配制度、社会保障、经费保障制度改革。创新运行机制，建立事业单位法人治理结构，推动公共图书馆、博物馆、文化馆、科技馆等组建理事会，吸纳有关方面代表、专业人士、各界群众参与管理，健全决策、执行和监督机制。完善年度报告和信息披露、公众监督等基本制度，加强规范管理。加强和改进公益性文化事业单位党组织建设，充分发挥基层党组织的战斗堡垒作用和共产党员的先锋模范作用。

（二十一）创新基层公共文化管理机制。发挥城乡基层群众性自治组织的作用，推动开展公共文化服务参与式管理，推广居民、村民评议等行之有效的做法，健全民意表达和监督机制，引导城市社区居民和村民参与公共文化服务项目规划、建设、管理和监督，维护群众的文化选择权、参与权和自主权。调动驻村（社区）单位、企业和社会组织等多方面力量，统筹资源，共同参与基层文化的管理和服务，形成多元联动格局。扎实推进社区文化志愿服务。推进将公共文化服务纳入基层社区服务网格进行管理，培育城乡社区互助文化,营造社区和谐环境。

(二十二)完善公共文化服务评价工作机制。以效能为导向,制定政府公共文化服务考核指标,作为考核评价领导班子和领导干部政绩的重要内容,纳入科学发展考核体系。建立公共文化机构绩效考评制度,考评结果作为确定预算、收入分配与负责人奖惩的重要依据。加强对重大文化项目资金使用、实施效果、服务效能等方面的监督和评估。完善服务质量监测体系,研究制定公众满意度指标,建立群众评价和反馈机制。探索建立公共文化服务第三方评价机制,增强公共文化服务评价的客观性和科学性。

七、加大公共文化服务保障力度

(二十三)加强组织领导。各有关部门和单位要进一步认识构建现代公共文化服务体系的重要意义,根据本意见的要求,结合"十三五"规划的编制,尽快制定完善相关配套政策,明确责任,统筹建设,协同推进,狠抓落实。地方各级党委和政府要将构建现代公共文化服务体系纳入本地区国民经济和社会发展总体规划,纳入重要议事日程,切实加强组织领导,并结合实际制定实施方案、规划或专项行动计划,明确责任和时间表、路线图,集中力量推进工作落实。做好宣传和舆论引导工作,形成全社会支持和参与现代公共文化服务体系建设的良好氛围。

(二十四)加大财税支持力度。合理划分各级政府基本公共文化服务支出责任,建立健全公共文化服务财政保障机制,按照基本公共文化服务标准,落实提供基本公共文化服务项目所必需的资金,保障公共文化服务体系建设和运行。进一步完善转移支付体制,加大中央财政和省级财政转移支付力度,重点向革命老区、民族地区、边疆地区、贫困地区倾斜,着力支持农村和城市社区基层公共文化服务设施建设,保障基层城乡居民公平享有基本公共文化服务。进一步拓展资金来源渠道,加大政府性基金与一般公共预算的统筹力度。创新公共文化服务投入方式,采取政府购买、项目补贴、定向资助、贷款贴息等政策措施，支持包括文化企业在内的社会各类文化机构参与提供公共文化服务。落实现行鼓励社会组织、机构和个人捐赠公益性文化事业所得税税前扣除政策规定。加强对公共文化服务资金管理使用情况的监督和审计，开展绩效评价。

（二十五）加强基层文化队伍建设。进一步完善选人用人机制，着力培养一批具有现代意识、创新意识的公共文化管理者和基层公共文化服务人才队伍。按照控制总量、盘活存量、优化结构、有减有增的要求，研究制定公共文化机构人员编制标准，并根据业务发展状况进行动态调整。对实行免费开放后工作量大量增加、现有机构编制难以满足工作需要的公益性文化事业单位，要结合实际和财力，合理增加机构编制。加强对农村文化队伍的管理和使用，在现有编制总量内，落实每个乡镇综合文化站（中心）编制配备不少于1至2名的要求，规模较大的乡镇适当增加。设立城乡基层公共文化服务岗位，配置由公共财政补贴的工作人员。将公共文化服务专业人才培养纳入国民教育体系。稳步推进基层公共文化服务队伍培训，建立培训上岗制度，全面提高从业人员素质。乡镇综合文化站（中心）从业人员应熟悉广播电视技术，具备组织群众文化活动等多方面的服务能力。完善基层公共文化服务人才激励和保障机制。加强基层乡土文化人才建设。发展壮大社会体育指导员队伍。

（二十六）建立健全公共文化服务法律体系。加快建立健全坚持社会主义先进文化前进方向、遵循文化发展规律、有利于激发文化创造力、保障人民基本文化权益的文化法律制度，依法保障公民的文化权利得到有效落实。加快出台公共文化服务保障法等相关法律法规，为现代公共文化服务体系建设提供法律支撑。加强公共文化立法与文化体制改革重大政策的衔接，加快制定地方性公共文化服务法律规范，提高公共文化服务领域法治化水平。

附件：国家基本公共文化服务指导标准（2015-2020年）（略）

人力资源社会保障部关于加强和改进人力资源社会保障领域公共服务的意见

人社部发〔2016〕44号

各省、自治区、直辖市及新疆生产建设兵团人力资源社会保障厅(局),部属各单位,外专局、公务员局:

人力资源社会保障工作全部涉及到人,大部分涉及民生,关系群众切身利益,是政府公共服务的重要内容。近年来,各级人力资源社会保障部门大力推进基层劳动就业和社会保障服务平台建设,在创新和改进公共服务方面积极探索,取得了明显成效。但是也要看到,与人民群众的期望相比,与简政放权、放管结合、优化服务的要求相比,人力资源社会保障领域公共服务仍有不小差距。按照国务院办公厅关于简化优化公共服务流程方便基层群众办事创业的有关部署和要求,为进一步加强和改进人力资源社会保障领域公共服务,现提出如下意见:

一、总体要求和基本原则

(一)总体要求。全面贯彻落实党的十八大和十八届二中、三中、四中、五中全会精神,按照国务院关于简政放权、放管结合、优化服务协同推进的部署,梳理规范人力资源社会保障领域面向群众的公共服务事项,坚决砍掉各类无谓的证明和繁琐的手续,简化优化公共服务流程,创新改进公共服务方式,加快推进公共服务信息化建设和服务平台建设,不断提升公共服务水平和群众满意度。

(二)基本原则。

1. 便民利民原则。简化办事环节和手续,优化公共服务流程,明确标准和时限,强化服务意识,丰富服务内容,拓展服务渠道,创新服务方式，提高服务质量，让群众办事更方便、创业更顺畅。

2. 依法依规原则。严格遵循法律法规，善于运用法治思维法治方式，规范公共服务事项办理程序，限制自由裁量权，维护群众合法权益，推进公共服务制度化、规范化。

3. 公开透明原则。全面公开公共服务事项，实现办事全过程公开透明、可追溯、可核查，切实保障群众的知情权、参与权和监督权。

4. 开放共享原则。加快推进"互联网+人社"行动计划，运用大数据等现代信息技术，强化部门协同联动，打破信息孤岛，推动信息互联互通、开放共享，提升公共服务整体效能。

二、全面梳理和公开公共服务事项目录

各级人力资源社会保障部门要根据法律法规规定，结合编制权力清单、责任清单以及规范行政审批行为等相关工作，对公共服务事项进行全面梳理，重点梳理劳动就业、社会保险等与群众日常生产生活密切相关的基本公共服务事项，列出具体服务事项目录并实行动态调整。所有面向群众的基本公共服务事项都要逐项编制办事指南，列明服务对象、办理依据、受理单位、办理地点、基本流程、申请材料、示范文本、收费依据及标准、办理时限、咨询方式、监督投诉方式等内容，细化到每个环节，并提供表格下载。其他公共服务事项参照基本公共服务事项进行梳理，逐步规范。公共服务事项目录和办事指南等须通过政府网站、12333咨询服务热线、宣传手册等形式向社会公开。

三、大力简化证明材料和手续

各级人力资源社会保障部门要对办理公共服务事项所需证明材料和手续进行全面清理，凡没有法律法规或规章依据的证明和盖章环节原则上予以取消；确需申请人提供的证明材料，要严格论证，听取各方面意见，并作出明确规定，必要时履行公开听证程序；可通过部门内部、系统内部或与其他部门信息共享获取相关信息的，不要求申请人提供证明材料；可通过社会保障卡获取基础信息的，不要求申请人提供相关证明或填写有关表格；探索"告知+承诺"办理模式，由办事部门告知申请人应当符合的条件和虚假承诺应负的责任，申请人知晓条件要求并书面承诺符合相关条件要求、承诺承担违约责任后，办事部门先予以受理，提高办事效率。同时，加强事中事后核查与监管，制定严格明细的核查和监管规则。重点做好以下工作：

1. 实行流动人员人事档案接收告知承诺制。公共就业和人才服务机构接收流动人员人事档案时，对缺少关键材料的，一次性告知所缺材料及其可能造成的影响，经本人作出书面知情说明、承诺进一步补充材料后予以接收，或与原工作单位协商退回补充材料。

2. 公共就业和人才服务机构不再对初次就业流动人员办理转正定级手续。机关事业单位和国有企业招考、聘用、招用流动人员时，可参考档案中的劳动合同等材料及就业登记、社会保险缴费记录认定参加工作时间和工作年限。

3. 对非本地户籍人员按规定申请参加职工社会保险的，不要求申请人提供在原籍或其他地区参加社会保险情况证明。

4. 逐步取消异地就医时定点医疗机构盖章手续。

5. 取消失业人员失业前所在单位将失业人员名单自终止或者解除劳动关系之日起7日内报受理其失业保险业务的经办机构备案手续。

6. 对已办理"三证合一"工商营业执照的参保单位，在申请办理社会保险登记证申领、变更、注销、验证等业务时，不再需要提供税务登记证和组织机构代码证。

7. 在组织公务员考录、事业单位公开招聘、职称评定等工作过程中，对当事人已出具国家承认的学历证书原件的，不要求提供第三方学历认证证明。

8. 改进留学回国人员、回国（来华）定居专家安置服务，有国外学历学位认证人员不用再提交留学回国人员证明。

四、规范和简化公共服务流程

各级人力资源社会保障部门要严格落实国家对人力资源社会保障基本公共服务事项的统一要求，规范服务行为，精简办事程序。重点做好以下工作：

1. 严格落实就业失业登记管理办法，在省级行政区域内实施统一的就业失业登记经办流程和标准规范，对符合条件的失业人员及时办理失业登记，不得以人户分离、户籍不在本地或没有档案等为由不予受理。积极推动社会保障卡加载就业失业登记信息电子记录。

2. 严格落实取消收取人事关系及档案保管费的规定，不得将参加社会保险、职称评审等业务与档案保管相挂钩，杜绝以档案为载体的捆绑收费、隐形收费行为。

3. 加快推进基本医疗保险异地就医直接结算，2016年基本实现跨省异地安置退休人员住院费用直接结算，2017年基本实现符合转诊规定的参保人员异地就医住院费用直接结算。

4. 取消基本医疗保险定点医疗机构和定点药店的行政审批，完善对定点医疗机构和定点药店的服务协议管理，建立分级管理制度。

5. 取消社会保险登记证换证周期规定，依参保单位需求随时办理，完善和简化社会保险登记证年检方式。

6. 简化社会保障卡办理流程，缩短申领、补换周期。

7. 实行国家职业资格目录清单管理制度，完善职业资格考试和职业技能鉴定制度，着力解决"挂证"、"助考"、"考培挂钩"等问题。

8. 健全职业资格证书管理办法，缩短证书办理时间。

9. 加强基层劳动人事争议调解工作规范化建设，完善调解工作机制，优化仲裁办案程序，完善立案、庭审、送达等环节的制度规范，在有条件的劳动人事争议仲裁机构开设法律援助窗口，畅通劳动者和用人单位权益救济渠道。

10. 建立完善劳动保障监察举报投诉案件省级联动处理机制，省级行政区域内各级劳动保障监察机构接收的举报投诉和主动巡查发现的案件信息全部通过劳动保障监察管理信息系统进行统一登记、录入、流转和办理，实现"一点举报投诉，区域联动处理"。

五、探索创新公共服务方式

在综合服务机构推行"一站式"服务，逐步将分设的专业窗口整合为综合窗口，变"多头受理"为"一口受理"。加强公共服务信息化建设，积极推行网上预审、自助办理、同城通办、委托代办等服务。建立并畅通公共服务"绿色通道"，积极推行预约服务、上门服务、应急服务等便民措施。面向大型企业、学校、乡镇、社区等服务对象聚集区主动开展延伸服务，提升公共服务的可及性和便捷性。重点做好以下工作：

1. 推进社会保险服务"五险统一经办"，暂不具备条件的地方首先要在参保登记、缴费、稽核等业务环节实现统一经办。大力推进"综合柜员制"，方便参保对象。

2. 推进"电子社保"建设，全面推行社会保险个人权益记录网络查询和自助打印服务。

3. 推进人事档案信息化建设，启动全国流动人员人事档案基础信息库建设工作，逐步实现档案基础信息异地查询。

六、推进信息共享和业务协同

加快人力资源社会保障信息系统省级集中，实现系统的集中部署和有机融合、数据的向上归集和高效整合。积极推进公共服务事项的数据开放、信息共享、校验核对，促进公共服务业务协同，从源头上避免各类"奇葩证明"、"循环证明"等现象。重点做好以下工作：

1. 加强异地业务系统建设。有效提升社会保险关系转移接续、异地就医结算、异地领取待遇资格认证等异地业务的经办效率，进一步方便参保人就近办事，避免"垫资"、"跑腿"情况出现。

2. 加快基础信息库建设。2017年完成部、省两级社会保障卡持卡人员基础信息库建设，实现基础信息的统一管理和联动共享。

3. 推进社会保障卡应用。2017年实现社会保障卡跨地区、跨业务直接办理个人的各项人力资源和社会保障事务，开放向其他公共服务领域的集成应用，基本实现全国社会保障一卡通。2020年实现持卡人口覆盖率达到90%。

4. 强化业务协同。2020年实现同一省级辖区内人力资源和社会保障工作服务对象就业失业登记、社会保险登记、劳动用工备案三项业务"信息一点登记、业务协同办理、数据全域共享"。

七、加强公共服务平台建设

根据各类公共服务事项特点和群众办事需求，逐步构建实体大厅、网上平台、移动客户端、自助终端、12333咨询服务电话等多种形式相结合、相衔接的公共服务平台，为群众提供方便快捷的多样化服务。加大简政放权力度，将具备下放条件的公共服务事项全部下放到基层公共服务平台，方便群众就近就地办理。重点做好以下工作：

1. 大力推进人力资源和社会保障公共服务设施建设，确保"十三五"期末实现县级服务设施全覆盖，乡镇（街道）、社区（行政村）设施服务能力进一步提升，为公共服务事项向基层下沉提供有力支撑。

2. 加强网上办事平台建设，建立统一的公共服务信息平台，统一网上服务入口，强化信息安全管理，实现全业务、多渠道的标准化服务。凡具备网上办理条件的事项，都要推广实现网上受理、网上办理、网上反馈，实现办理进度和办理结果网上实时查询。

3. 全面加强12333电话咨询服务工作，加快实体化机构建设，拓展服务功能和服务范围，强化12333短信服务和掌上12333移动应用,形成覆盖全国的 12333 电话咨询服务体系。

八、加强公共服务制度建设和作风建设

各级人力资源社会保障部门和公共服务机构要践行"三严三实"要求,建立健全管理制度和服务规则,完善落实纪律要求和行为规范,不断提升公共服务的制度化、规范化、科学化水平。加强对公共服务机构工作人员的教育培训,把业务经办、作风养成、礼仪规范等作为培训重点,不断提高一线工作人员工作能力、工作作风和服务质量。加强对公共服务项目的经费、设备、技术、人才保障,为公共服务提供有力支撑。完善公共服务监督管理机制和社会评价机制,畅通群众投诉举报渠道,主动接受社会监督,及时解决群众反映的问题。

九、加强组织领导

各级人力资源社会保障部门要把加强和改进公共服务方便群众办事创业工作摆在更加突出的位置,主要负责同志要亲自研究部署,加强统筹协调和督促落实,及时解决工作中遇到的困难和问题。各地人力资源社会保障厅(局)要结合实际,依照本意见制定具体实施方案,细化任务措施,明确责任分工和完成时限,落实规定动作,鼓励多做"加法"。要坚持立行立改,改进措施成熟一个、推出一个、实施一个,同步向社会公开。要及时总结各地加强和改进公共服务的经验做法,加大宣传力度,营造为民服务的良好氛围。

各地人力资源社会保障厅(局)实施方案于 2016 年 6 月 20 日前报人力资源社会保障部。

附件:人力资源社会保障领域基本公共服务事项参考目录

人力资源社会保障部
2016 年 5 月 6 日

附件

人力资源社会保障领域基本公共服务事项参考目录

一、劳动就业基本公共服务项目

1. 基本公共就业服务
2. 创业服务
3. 就业援助
4. 就业见习服务
5. 大中城市联合招聘服务
6. 流动人员人事档案管理服务
7. 职业技能培训和技能鉴定
8. 农民工培训
9. 12333 电话咨询服务
10. 劳动关系协调
11. 劳动保障监察
12. 劳动人事争议调解仲裁

二、社会保险基本公共服务项目

13. 职工基本养老保险
14. 居民基本养老保险
15. 职工基本医保
16. 居民基本医保
17. 失业保险
18. 工伤保险
19. 生育保险

人力资源社会保障部办公厅关于推进公共就业服务专业化的意见

人社厅发〔2017〕86号

各省、自治区、直辖市及新疆生产建设兵团人力资源社会保障厅（局）：

公共就业服务是促进市场供需匹配、实施就业援助的重要载体，是政府促进就业的重要手段。当前，公共就业服务还存在着服务内容简单、服务方式粗放、服务手段落后、服务能力不足等突出问题，迫切需要运用专业知识和新技术新方法，进一步强化基本服务，创新服务模式，加强队伍建设，更好地服务于新形势下的就业创业工作。现就推进公共就业服务专业化提出以下意见：

一、拓展职业指导服务功能

各地要综合运用专业知识和方法，激发劳动者就业创业信心和积极性。充分利用职业素质测评的新工具和新方法，帮助劳动者合理确定职业定位和方向，做好职业生涯规划。组织各类新成长劳动力参观公共就业创业和人才服务机构，开展模拟求职应聘、现场观摩等体验式教学活动，帮助他们提高求职就业经验和技巧。加强劳动者失业原因分析，科学诊断其求职就业面临的困难和问题，有针对性地提出解决方案和建议。各地要加强对用人单位的用工指导，帮助用人单位根据市场供求状况科学制定和调整招聘计划，合理确定招聘条件，做好岗位需求特征描述等基础工作，提高招聘针对性和成功率。帮助用人单位建立完善相关管理制度，提高用工稳定性。积极宣传和解读就业创业政策，帮助用人单位申请和享受相关就业扶持政策，提高其吸纳就业积极性。

二、加大对重点群体的精准帮扶

各地要建立健全重点群体信息数据库,定期对辖区内长期失业的就业困难人员、高校毕业生等青年、去产能企业下岗职工、建档立卡贫困人员开展摸底调查,对个人状况、就业需求等情况及时登记和更新,实行实名制动态管理。结合劳动者就业经历、失业原因、知识技能、健康状况等因素,对其进行分级分类,综合运用职业介绍、职业指导、职业技能培训和创业培训、就业援助等措施,提供有针对性的精准帮扶。全程记录为每一名服务对象提供服务的过程及效果,定期进行跟踪回访和分析评估,及时调整帮扶措施,帮助其尽快实现就业创业。

三、完善就业信息服务制度

各地要健全岗位信息采集和核验制度,确保岗位信息真实有效。要注意做好劳动者隐私信息的安全保密工作。建立劳务协作信息互联互通和共享发布机制,推动就业创业信息跨地区共享。建立信息反馈机制,向服务对象及时反馈服务进展情况,向高校及时反馈实名制登记离校未就业毕业生的相关信息,指导用人单位将招聘岗位录用结果及时向求职者反馈。完善市场供求信息分析制度,加强信息分析和利用,合理引导用人单位招聘用工和劳动者求职择业,为科学分析就业形势、调整就业创业培训计划、开展就业创业服务提供参考依据。

四、加快信息技术应用

各地要加快公共就业服务信息化建设和应用,充分运用互联网和移动互联等现代信息技术,打造"互联网+公共就业服务",构建基于实体大厅、网上平台、移动应用、自助终端等渠道的一体化公共就业服务平台。加快推进公共就业服务业务线上办理,凡具备网上办理条件的事项都要实现网上受理、网上办理、网上反馈,实现办理进度和办理结果网上实时查询,为劳动者和用人单位提供更加方便、快捷的服务。加强公共就业信息服务平台建设,尚未实现与中国公共招聘网联网的地方要加快推进联网进程,整合各类服务信息和数据,实现就业创业信息的联网共享和统一汇总发布。进一步加强全国就业信息监测平台建设,完善服务功能,提升数据质量,运用"大数据""云计算"等技术手段,加强对服务对象访问偏好和访问习惯分析,精准识别服务对象的需求,智能匹配服务内容和服务方式,探索开展行业、职业发展需求分析与预测。

五、创新就业服务模式

各地要加强各项服务措施的衔接配合,建立职业指导、职业介绍、职业技能培训、就业见习、创业服务等服务项目有机结合机制。建立职业指导人员服务基层机制,每一名职业指导人员每年要为一定数量特定服务对象提供服务,每一位长期失业者、就业困难人员、公益性岗位安置人员等服务对象都要确定专门的职业指导人员,建立长期固定联系,提供针对性服务。完善招聘会组织形式,根据当地人力资源结构特点,组织更多专业化、小型化的定向或专场招聘会。推进就业服务区域协作,发挥城市群和中心城市的辐射带动作用,推动重点地区公共就业服务共建共享,在服务内容、服务流程、服务标准等方面实现一体化,促进人力资源在区域间合理流动和有效配置。探索推进公共就业服务项目化,将有相同服务需求的劳动者组织到相关服务项目中,运用专业化服务技术和方法提高服务质量和效率。充分运用就业创业服务补贴政策和政府向社会力量购买服务机制,扩大服务供给,提升服务专业化水平。

六、推进服务便民利民

各地要加强公共就业服务标准化建设,优化服务流程,简化服务环节和手续。强化窗口单位作风建设,全面实行首问负责制、全程代理制、一次性告知制、限时办结制,加强与就业关联业务之间的信息共享和业务协同。整合窗口服务资源,推动同类服务窗口合并和功能重组,在完善"一站式"服务的基础上向"一柜式"服务转变,实行"前台综合受理、后台分类处理"。在办理各项业务的同时,开展服务对象满意度和服务需求调查,健全服务效果反馈和服务需求表达机制。完善服务场所功能布局,充分利用场地空间,合理划分功能区域。统筹规划城市范围内公共就业服务机构建设,合理布局服务网点,推广"15分钟服务圈"模式。开展公共就业服务示范城市建设,树立一批典型城市和公共就业服务机构服务示范窗口,引领各地提高服务质量和效率。深入开展充分就业社区建设,带动基层服务平台提升服务水平。

七、提升服务队伍能力

各地要加快建设结构合理、素质优良的职业指导人员、职业信息分析师、劳动保障协理员等专业化队伍。探索建立公共就业服务人员职业生涯发展和晋升通道,健全激励机制,稳定人员队伍。制定实施公共就业服务人员能力提升计划,通过组织定期轮训和专题培训等方式,全面提升工作人员能力和素质。加强与高校、科研单位、知名企业等的合作,开展定期培训、专题培训、脱产轮训,并充分运用互联网、云技术等手段,开展网上学习、远程教学等线上培训,多层次、多渠道培养公共就业服务专业人员。充分发挥公共就业服务相关协会作用,通过组织开展职业指导师等专业人员年会等形式,加强业务学习和服务技术方法交流,提高服务能力水平。开展就业服务技术国际交流合作,培养和提升公共就业服务人员队伍的创新能力和专业水平。

八、健全公共就业服务工作机制

各地要以城市为中心加强公共就业服务的统筹管理,围绕服务对象和市场需要组织实施就业服务项目,统一服务流程和标准,使各类劳动者在城市范围内都能享受到统一规范的服务。加强县级及以下基层公共就业服务平台建设,明确各级公共就业服务机构职能,指导街道(乡镇)和社区(行政村)劳动保障协理员重点做好劳动者就业失业信息及需求调查核实、就业创业服务信息上传下达等基础工作。健全公共就业服务经费保障机制,落实开展公共就业服务所需的基本支出和项目支出经费，充分发挥就业创业服务补助资金加强公共就业服务机构服务能力建设的作用。健全公共就业服务绩效考核机制，综合考虑服务工作量、服务成本、服务效果和服务对象满意度等因素，建立健全相应的绩效评价指标体系和考核办法。

各地要进一步加强对公共就业服务的组织领导，推进服务资源整合，理顺管理服务职能。要结合本地实际，在服务机制、服务模式和服务内容等方面积极探索、大胆创新。要大力总结和宣传有效做法、实践经验和典型事迹，推介公共就业服务理念、服务项目和服务品牌，树立公平、高效、优质的服务形象。

人力资源社会保障部办公厅
2017 年 7 月 25 日

关于稳步推进城乡交通运输一体化提升公共服务水平的指导意见

交运发〔2016〕184号

各省、自治区、直辖市、新疆生产建设兵团交通运输厅（局、委），发展改革委，公安厅（局），财政厅（局），国土资源厅（局），住房城乡建设厅（委），农业（农牧、农村经济）厅（局、委、办），商务厅（局），供销合作社，邮政管理局，扶贫办（局）：

推进城乡交通运输一体化，提升公共服务水平是加快城乡统筹协调、缩小区域发展差距、实现精准扶贫脱贫的迫切要求，是推进新型城镇化建设和实现全面建成小康社会的重要内容。为贯彻落实《国民经济和社会发展第十三个五年规划纲要》关于推动城乡协调发展的部署要求，加快推进城乡交通运输一体化，提升公共服务水平，更好地满足人民群众出行和城乡经济社会发展需要，现提出以下意见。

一、总体要求

（一）指导思想。

全面贯彻党的十八大和十八届三中、四中、五中全会精神，落实中央扶贫开发工作会议、中央城市工作会议以及中央农村工作会议相关部署，牢固树立和贯彻落实创新、协调、绿色、开放、共享的发展理念，以完善城乡交通基础设施，推进城乡交通运输协调发展，实现基本公共服务均等化为目标，坚持"城乡统筹、资源共享、路运并举、客货兼顾、运邮结合"，补齐城乡交通运输发展短板，加快交通基础设施建设，推进供给侧结构性改革，完善管理体制机制和政策保障体系，提升服务质量和水平，引领和支撑城乡经济协调发展，让人民群众共享交通运输改革发展成果。

（二）基本原则。

政府引导、市场运作。城乡交通运输具有很强的社会公益属性，要发挥政府引导作用，充分调动各方积极性，鼓励社会参与，激发市场活力。对于农村客运（含渡运）、农村通邮、城市公交（含城市轮渡）等公共服务领域，要加强政府主导，加大财政投入和政策支持力度。

以人为本、优化供给。立足保基本、补短板、兜底线，方便出行、安全第一、服务优质，逐步缩小城乡差距和地区差异，全面满足城乡交通运输公共服务需求，让人民群众有更多获得感。

统筹协调、资源整合。统筹城乡、区域之间交通运输协调发展，加快推进城乡交通基础设施的衔接和城乡交通运输服务的一体化建设。推动城乡交通运输与供销、旅游、电商等资源共享，实现优势互补和融合发展。

因地制宜、分类指导。综合考虑经济社会发展水平、不同特点分类指导，鼓励各地先行先试，探索形成不同类型、可复制可推广的城乡交通运输一体化发展模式及实施途径。

（三）发展目标。

到2020年，城乡交通运输服务体系基本建立，城乡交通基础设施网络结构优化并有效衔接，公共服务水平显著提升，城乡交通运输一体化格局基本形成，社会公众认可度和满意度显著增强，更好地满足城乡经济社会发展需要。主要目标是实现"八个100%"：具备条件的乡镇和建制村通硬化路率达到100%；具备条件的乡镇和建制村通客车比例达到100%；城市建成区路网密度和道路面积率符合要求比例达到100%；中心城市公交站点500米覆盖率达到100%；500人以上岛屿通航比例达到100%；建制村直接通邮比例达到100%；具备条件的乡镇快递服务网点覆盖率达到100%，具备条件的建制村通快递比例达到100%。

二、加快推进城乡交通运输基础设施一体化建设

（四）加强城乡交通运输规划衔接。立足城乡统筹发展，统筹

规划城乡交通基础设施、客运、货运物流、邮政快递等内容，加强城乡交通基础设施衔接，整合城乡综合交通运输资源，完善优化运输网络，提升城乡交通运输公共服务水平。建立规划衔接协调机制，实现与经济社会发展规划、城乡规划、土地利用规划统筹衔接。强化规划调控力度，确保规划执行到位。

（五）加快城市交通基础设施建设。建设快速路、主次干路和支路级配合理的城市道路网系统，城市建成区平均路网密度和道路面积率符合国家有关标准；打通阻碍城乡一体化衔接的"断头路"，提高道路通达性。加强自行车道和步行道系统建设，改善步行和自行车交通出行条件。符合条件的城市要加快轨道交通建设，发挥地铁等作为公共交通的骨干作用。

（六）加快城乡交通基础路网建设。建设外通内联的城乡交通骨干通道，加强城市道路、干线公路、农村公路、渡口码头之间的衔接，强化市县乡村之间的交通联系。大力推进"四好农村路"建设，促进农村公路建管养运一体化发展。实施百万公里农村公路工程，加快实现所有具备条件的乡镇和建制村通硬化路。加快推进公路安全生命防护工程实施，进一步加强农村公路危桥改造，建设适宜的农村渡河桥。对不满足安全通行要求的窄路基路面公路要实施加宽改造。完善交通标志标线，建立配套管理机制。加强城乡道路建设与市政工程设施的协调。综合考虑群众实际需求、建设条件、安全运营等因素，分类推进撤渡建桥、撤渡修路、撤渡并渡。加强公路路域环境综合治理，推进城市道路、干线公路临近城区路段改造，缓解进出城市交通拥堵。

（七）加快城乡水运设施建设。加快建设有市场需求的内河客运码头、乡镇渡口和城乡便民停靠点。加快推进渡口标准化建设和改造，完善渡口设施设备和标志标识，促进渡口建管养一体化。改善海岛交通基础设施，加快陆岛交通码头建设。

（八）加快完善城乡运输站场体系建设。科学规划和建设标准适宜、经济实用的农村客货运站点，并保障建设用地。农村客运站点应与农村公路同步规划、同步设计、同步建设和同步交付使用。加强既有客运站点的升级改造和功能完善。鼓励客运站与城市公交站点有序衔接和融合建设，推进公交停靠站向道路客运班线车辆开放共享，方便客车乘员下车换乘。完善相关配套政策，鼓励和支持农村客货运站场用地依法立体开发使用。

三、加快推进城乡客运服务一体化建设

（九）完善城乡客运服务网络。加快建立完善综合运输网络体系，实现城乡道路客运与铁路客运、机场、码头的一体化换乘和衔接。统筹协调城市公共交通、城际客运和农村客运发展，采取不同模式提高建制村通客车率，提高城乡客运网络的覆盖广度、深度和服务水平，确保人民群众"行有所乘"。贯彻落实公交优先发展战略，稳步拓展城市公共交通服务网络。对于重点乡镇及道路通行条件良好的农村地区，鼓励通过城市公交线网延伸或客运班线公交化改造，提升标准化、规范化服务能力。采用公交化运营的客运班线，经当地政府组织评估后，符合要求的可使用未设置乘客站立区的公共汽车。对于出行需求较小且相对分散的偏远地区，鼓励开展预约、定制式等个性化客运服务。

（十）推进城乡客运结构调整。加快整合城乡客运资源，鼓励开展区域经营，积极培育骨干龙头客运企业，鼓励整合分散的农村客运经营主体。引导农村客运班线采取区域经营、循环运行、设置临时发车点等灵活方式运营。规范城乡客运经营服务行为，强化服务质量监管和社会监督，提升运营服务品质，打造城乡客运服务品牌。

（十一）完善城乡客运价格形成机制。综合考虑社会承受能力、财政保障水平、企业运营成本、运输产品服务质量差异、交通供求和竞争状况等因素，完善城乡客运价格形成机制，合理确定票制票价，建立多层次、差异化的价格体系，更好满足城乡居民出行需求。

（十二）提升乡村旅游交通保障能力。加大交通运输支持乡村旅游发展力度，积极拓展"运游一体"服务。加快改善农村特色产业、休闲农业和乡村旅游等的交通条件，进一步提升交通服务旅游的保障能力。积极支持传统村落、休闲农业聚集村、休闲农园、特色景观旅游名村、"农家乐"等乡村特色旅游区域开通乡村旅游客运线路。加快农村旅游景区、人口密集区域的停车场、充电桩等基础设施建设。

（十三）保障城乡交通运输安全。发挥县乡人民政府的组织领导作用，健全农村交通安全防控网络，大力推进乡镇交管站（办）、农村交通安全劝导站和乡镇交通安全员、农村交通安全劝导员建设、培训，切实履行好安全监管、监督责任。强化部门联动，密切分工协作，督促企业严格落实安全生产主体责任，加大安全投入，加强从业人员培训教育，切实提高安全服务水平。积极推广应用乡村营运客车标准化车型。加强渡口渡船安全管理。建立完善道路通行条件和农村客运线路联合审查机制。加强农村公路设施巡查，及早发现农村公路设施隐患，妥善处治。

四、加快推进城乡货运物流服务一体化建设

（十四）构建覆盖县乡村三级农村物流网络。按照农村物流网络节点建设指南的技术要求，加快推进农村物流网络节点建设，实现建设标准化、管理规范化、服务多元化，全面提升农村物流站点服务能力和水平。做好网络节点体系系统规划，优化站点布局，按照层次清晰、规模适度、功能完善的要求，拓展站场的仓储服务、电商快递服务、信息交易等物流服务功能，实现资源的衔接整合。统一物流站场运营服务标准，规范物流经营服务行为。加快农村物流站点的信息化建设，促进物流信息的集约共享和高效联动。

（十五）增强邮政普遍服务能力。重点推进西部地区和农村地区邮政基础设施建设，建立乡镇及农村邮政营业场所可持续运营的长效机制，支持邮政企业做强寄递主业，促进投递深度向下延伸，农村地区总体实现建制村直投到村。提升处理运输基础能力，引导邮政企业利用农村客货运站场等交通运输基础设施，建立仓储场地和小型邮件分拨中心，进一步强化县域邮件处理能力。

（十六）推进快递服务能力提升。继续推进快递"向西向下"服务拓展工程,加强中西部和农村地区快递网络建设,引导快递企业合理规划快递节点布局,落实网点建设标准,在特色经济乡镇、交通枢纽乡镇等地区建设高标准服务网络,提高网点均衡度和稳定性,实现县乡全面覆盖。健全农村快递末端网络,提高快递服务乡镇覆盖率。

(十七)加强农村交通运输资源整合。推进城乡交通运输"路、站、运、邮"协调发展。按照"多点合一、资源共享"模式,加快集客运、货运、邮政于一体的乡镇综合客运服务站点建设。引导交通运输、邮政、商贸、供销等物流资源的整合,促进农产品进城和农资、消费品下乡双向流通。推广适合农村公路条件的厢式、冷藏等专业化车型。支持农产品冷链物流体系建设,鼓励规模运输企业开展冷链运输。促进农村物流、邮政快递和电子商务融合发展。引导市场主体对接农村电商平台,积极参与农产品网上销售、流通追溯和运输配送体系建设。

五、努力营造城乡交通运输一体化发展环境

(十八)强化组织保障。进一步提高思想认识,积极争取地方党委、政府支持,将城乡交通运输一体化工作列入重要议事日程,并将城乡交通运输一体化水平纳入当地全面建成小康社会目标或年度工作目标。加强组织领导,交通运输、发展改革、财政、公安、国土、住房城乡建设、农业、商务、扶贫、邮政、供销等部门之间应加强沟通协调,明确责任分工,形成工作合力。

(十九)拓宽城乡交通运输发展资金渠道。积极推动建立政府购买城乡交通运输公共服务制度。充分利用现有农村公路建设、农村客运站建设、老旧车船更新等资金,提高资金使用效率,落实各项税收优惠政策和农村客运成品油价格补助政策。发挥好中央资金、地方一般公共预算收入的引导和杠杆作用,带动社会资本投入。鼓励和引导金融机构开发专项金融服务和产品,为城乡交通运输一体化发展提供优质、低成本的融资服务。对于中西部地区、革命老区、民族地区、边疆地区以及集中连片特困地区,按照《中共中央 国务院关于打赢脱贫攻坚战的决定》予以支持。

（二十）强化事中事后监管。加强交通运输行业信用体系建设，建立健全相关市场主体信用记录，纳入全国信用信息共享平台。建立完善城乡交通运输服务水平评价制度，加强评价结果的公布与应用。落实"双随机、一公开"监管制度，充分利用"12328"服务热线及邮政业消费者申诉受理渠道等，发挥社会公众监督作用。积极推动移动互联网等新技术在城乡客运生产管理、运营调度和安全应急等方面的应用。对于经营行为不规范、不履行普遍服务责任、存在重大安全隐患和突出交通违法行为的经营主体及其车辆，要依法严格处理。

（二十一）强化法规政策保障。加快推进城乡交通运输一体化服务的法治化、标准化进程。积极推进修订《道路运输条例》和制定《城市公共交通条例》等相关法规，完善配套规章制度。研究制定城乡交通运输一体化配套标准和相关技术政策。交通运输部会同有关部门开展城乡交通运输一体化考核评价和监督指导，加强监督检查，确保政策实效。组织开展城乡交通运输一体化建设工程，总结经验并适时加以推广。

交通运输部

国家发展改革委

公安部

财政部

国土资源部

住房和城乡建设部

农业部

商务部

供销合作总社

国家邮政局

国务院扶贫办

2016年10月25日

城市公共汽车和电车客运管理规定

中华人民共和国交通运输部令
2017 年第 5 号

《城市公共汽车和电车客运管理规定》已于 2017 年 3 月 1 日经第 3 次部务会议通过，自 2017 年 5 月 1 日起实施。

交通运输部部长
2017 年 3 月 7 日

第一章 总 则

第一条 为规范城市公共汽车和电车客运活动，保障运营安全，提高服务质量，促进城市公共汽车和电车客运事业健康有序发展，依据《国务院关于城市优先发展公共交通的指导意见》（国发〔2012〕64 号），制定本规定。

第二条 从事城市公共汽车和电车（以下简称城市公共汽电车）客运的服务提供、运营管理、设施设备维护、安全保障等活动,应当遵守本规定。

本规定所称城市公共汽电车客运,是指在城市人民政府确定的区域内,运用符合国家有关标准和规定的公共汽电车车辆和城市公共汽电车客运服务设施,按照核准的线路、站点、时间和票价运营,为社会公众提供基本出行服务的活动。

本规定所称城市公共汽电车客运服务设施,是指保障城市公共汽电车客运服务的停车场、保养场、站务用房、候车亭、站台、站牌以及加油(气)站、电车触线网、整流站和电动公交车充电设施等相关设施。

第三条 交通运输部负责指导全国城市公共汽电车客运管理工作。

省、自治区人民政府交通运输主管部门负责指导本行政区域内城市公共汽电车客运管理工作。

城市人民政府交通运输主管部门或者城市人民政府指定的城市公共交通运营主管部门(以下简称城市公共交通主管部门)具体承担本行政区域内城市公共汽电车客运管理工作。

第四条 城市公共汽电车客运是城市公共交通的重要组成部分,具有公益属性。

省、自治区人民政府交通运输主管部门和城市公共交通主管部门应当在本级人民政府的领导下,会同有关部门,根据国家优先发展公共交通战略,落实在城市规划、财政政策、用地供给、设施建设、路权分配等方面优先保障城市公共汽电车客运事业发展的政策措施。

第五条 城市公共汽电车客运的发展,应当遵循安全可靠、便捷高效、经济适用、节能环保的原则。

第六条 国家鼓励城市公共汽电车客运运营企业实行规模化、集约化经营。

第七条 国家鼓励推广新技术、新能源、新装备,加强城市公共交通智能化建设，推进物联网、大数据、移动互联网等现代信息技术在城市公共汽电车客运运营、服务和管理方面的应用。

第二章　规划与建设

第八条　城市公共交通主管部门应当统筹考虑城市发展和社会公众基本出行需求，会同有关部门组织编制、修改城市公共汽电车线网规划。

编制、修改城市公共汽电车线网规划，应当科学设计城市公共汽电车线网、场站布局、换乘枢纽和重要交通节点设置，注重城市公共汽电车与其他出行方式的衔接和协调，并广泛征求相关部门和社会各方的意见。

第九条　城市公共交通主管部门应当依据城市公共汽电车线网规划，结合城市发展和社会公众出行需求，科学论证、适时开辟或者调整城市公共汽电车线路和站点，并征求社会公众意见。

新建、改建、扩建城市公共汽电车客运服务设施，应当符合城市公共汽电车线网规划。

第十条　城市公共交通主管部门应当按照城市公共汽电车线网规划，对城市道路等市政设施以及规模居住区、交通枢纽、商业中心、工业园区等大型建设项目配套建设城市公共汽电车客运服务设施制定相关标准。

第十一条　城市公共交通主管部门应当会同有关部门，按照相关标准要求，科学设置公交专用道、公交优先通行信号系统、港湾式停靠站等，提高城市公共汽电车的通行效率。

第十二条　城市公共交通主管部门应当定期开展社会公众出行调查，充分利用移动互联网、大数据、云计算等现代信息技术收集、分析社会公众出行时间、方式、频率、空间分布等信息，作为优化城市公共交通线网的依据。

第十三条 城市公共交通主管部门应当按照有关标准对城市公共汽电车线路、站点进行统一命名，方便乘客出行及换乘。

第三章 运营管理

第十四条 城市公共汽电车客运按照国家相关规定实行特许经营，城市公共交通主管部门应当根据规模经营、适度竞争的原则，综合考虑运力配置、社会公众需求、社会公众安全等因素，通过服务质量招投标的方式选择运营企业，授予城市公共汽电车线路运营权；不符合招投标条件的，由城市公共交通主管部门择优选择取得线路运权的运营企业。城市公共交通主管部门应当与取得线路运营权的运营企业签订线路特许经营协议。

城市公共汽电车线路运营权实行无偿授予，城市公共交通主管部门不得拍卖城市公共汽电车线路运营权。运营企业不得转让、出租或者变相转让、出租城市公共汽电车线路运营权。

第十五条 申请城市公共汽电车线路运营权应当符合下列条件：

（一）具有企业法人营业执照；

（二）具有符合运营线路要求的运营车辆或者提供保证符合国家有关标准和规定车辆的承诺书；

（三）具有合理可行、符合安全运营要求的线路运营方案；

（四）具有健全的经营服务管理制度、安全生产管理制度和服务质量保障制度；

（五）具有相应的管理人员和与运营业务相适应的从业人员；

（六）有关法律、法规规定的其他条件。

第十六条 城市公共汽电车线路运营权实行期限制，同一城市公共汽电车线路运营权实行统一的期限。

第十七条 城市公共汽电车线路特许经营协议应当明确以下内容：

（一）运营线路、站点设置、配置车辆数及车型、首末班次时间、运营间隔、线路运营权期限等；

（二）运营服务标准；

（三）安全保障制度、措施和责任；

（四）执行的票制、票价；

（五）线路运营权的变更、延续、暂停、终止的条件和方式；

（六）履约担保；

（七）运营期限内的风险分担；

（八）应急预案和临时接管预案；

（九）运营企业相关运营数据上报要求；

（十）违约责任；

（十一）争议调解方式；

（十二）双方的其他权利和义务；

（十三）双方认为应当约定的其他事项。

在线路特许经营协议有效期限内，确需变更协议内容的，协议双方应当在共同协商的基础上签订补充协议。

第十八条 城市公共汽电车线路运营权期限届满，由城市公共交通主管部门按照第十四条规定重新选择取得该线路运营权的运营企业。

第十九条 获得城市公共汽电车线路运营权的运营企业，应当按照线路特许经营协议要求提供连续服务，不得擅自停止运营。

运营企业需要暂停城市公共汽电车线路运营的，应当提前3个月向城市公共交通主管部门提出报告。运营企业应当按照城市公共交通主管部门的要求，自拟暂停之日7日前向社会公告；城市公共交通主管部门应当根据需要，采取临时指定运营企业、调配车辆等应对措施，保障社会公众出行需求。

第二十条 在线路运营权期限内，运营企业因破产、解散、被撤销线路运营权以及不可抗力等原因不能运营时，应当及时书面告知城市公共交通主管部门。城市公共交通主管部门应当按照国家相关规定重新选择线路运营企业。

在线路运营权期限内，运营企业合并、分立的，应当向城市公共交通主管部门申请终止其原有线路运营权。合并、分立后的运营企业符合本规定第十五条规定条件的，城市公共交通主管部门可以与其就运营企业原有的线路运营权重新签订线路特许经营协议；不符合相关要求的，城市公共交通主管部门应当按照国家相关规定重新选择线路运营企业。

第二十一条　城市公共交通主管部门应当配合有关部门依法做好票制票价的制定和调整，依据成本票价，并按照鼓励社会公众优先选择城市公共交通出行的原则，统筹考虑社会公众承受能力、政府财政状况和出行距离等因素，确定票制票价。

运营企业应当执行城市人民政府确定的城市公共汽电车票制票价。

第二十二条　运营企业应当按照企业会计准则等有关规定，加强财务管理，规范会计核算，并按规定向城市公共交通主管部门报送运营信息、统计报表和年度会计报告等信息。年度会计报告内容应当包括运营企业实际执行票价低于运营成本的部分，执行政府乘车优惠政策减少的收入，以及执行抢险救灾等政府指令性任务发生的支出等。

第二十三条　城市公共交通主管部门应当配合有关部门建立运营企业的运营成本核算制度和补偿、补贴制度。

对于运营企业执行票价低于成本票价等所减少的运营收入，执行政府乘车优惠政策减少的收入，以及因承担政府指令性任务所造成的政策性亏损，城市公共交通主管部门应当建议有关部门按规定予以补偿、补贴。

第四章　运营服务

第二十四条　运营企业应当按照线路特许经营协议确定的数

量、车型配备符合有关标准规定的城市公共汽电车车辆，并报城市公共交通主管部门备案。

第二十五条 运营企业应当按照有关标准及城市公共交通主管部门的要求，在投入运营的车辆上配置符合以下要求的相关服务设施和运营标识：

（一）在规定位置公布运营线路图、价格表；

（二）在规定位置张贴统一制作的乘车规则和投诉电话；

（三）在规定位置设置特需乘客专用座位；

（四）在无人售票车辆上配置符合规定的投币箱、电子读卡器等服务设施；

（五）规定的其他车辆服务设施和标识。

第二十六条 运营企业应当按照有关标准及城市公共交通主管部门的要求，在城市公共汽电车客运首末站和中途站配置符合以下要求的相关服务设施和运营标识：

（一）在规定位置公布线路票价、站点名称和服务时间；

（二）在规定位置张贴投诉电话；

（三）规定的其他站点服务设施和标识配置要求。

第二十七条 运营企业聘用的从事城市公共汽电车客运的驾驶员、乘务员，应当具备以下条件：

（一）具有履行岗位职责的能力；

（二）身心健康，无可能危及运营安全的疾病或者病史；

（三）无吸毒或者暴力犯罪记录。

从事城市公共汽电车客运的驾驶员还应当符合以下条件：

（一）取得与准驾车型相符的机动车驾驶证且实习期满；

（二）最近连续 3 个记分周期内没有记满 12 分违规记录；

（三）无交通肇事犯罪、危险驾驶犯罪记录，无饮酒后驾驶记录。

第二十八条 运营企业应当按照有关规范和标准对城市公共汽

电车客运驾驶员、乘务员进行有关法律法规、岗位职责、操作规程、服务规范、安全防范和应急处置等基本知识与技能的培训和考核,安排培训、考核合格人员上岗。运营企业应当将相关培训、考核情况建档备查,并报城市公共交通主管部门备案。

第二十九条 从事城市公共汽电车客运的驾驶员、乘务员,应当遵守以下规定:

(一)履行相关服务标准;

(二)按照规定的时段、线路和站点运营,不得追抢客源、滞站揽客;

(三)按照价格主管部门核准的票价收费,并执行有关优惠乘车的规定;

(四)维护城市公共汽电车场站和车厢内的正常运营秩序,播报线路名称、走向和停靠站,提示安全注意事项;

(五)为老、幼、病、残、孕乘客提供必要的帮助;

(六)发生突发事件时应当及时处置,保护乘客安全,不得先于乘客弃车逃离;

(七)遵守城市公共交通主管部门制定的其他服务规范。

第三十条 运营企业应当按照线路特许经营协议规定的线路、站点、运营间隔、首末班次时间、车辆数、车型等组织运营。未经城市公共交通主管部门同意,运营企业不得擅自改变线路特许经营协议内容。按照第十七条规定变更协议内容签订补充协议的,应当向社会公示。

第三十一条 运营企业应当依据城市公共汽电车线路特许经营协议制定行车作业计划,并报城市公共交通主管部门备案。运营企业应当履行约定的服务承诺,保证服务质量,按照行车作业计划调度车辆,并如实记录、保存线路运营情况和数据。

第三十二条 运营企业应当及时向城市公共交通主管部门上报相关信息和数据,主要包括运营企业人员、资产等信息,场站、车辆等设施设备相关数据，运营线路、客运量及乘客出行特征、运营成本等相关数据，公共汽电车调查数据，企业政策与制度信息等。

第三十三条 由于交通管制、城市建设、重大公共活动、公共突发事件等影响城市公共汽电车线路正常运营的，城市公共交通主管部门和运营企业应当及时向社会公告相关线路运营的变更、暂停情况，并采取相应措施，保障社会公众出行需求。

第三十四条 城市公共交通主管部门应当根据社会公众出行便利、城市公共汽电车线网优化等需要，组织运营企业提供社区公交、定制公交、夜间公交等多样化服务。

第三十五条 发生下列情形之一的，运营企业应当按照城市公共交通主管部门的要求，按照应急预案采取应急运输措施：

（一）抢险救灾；

（二）主要客流集散点运力严重不足；

（三）举行重大公共活动；

（四）其他需要及时组织运力对人员进行疏运的突发事件。

第三十六条 城市公共汽电车客运场站等服务设施的日常管理单位应当按照有关标准和规定，对场站等服务设施进行日常管理，定期进行维修、保养，保持其技术状况、安全性能符合国家标准，维护场站的正常运营秩序。

第三十七条 运营企业应当按照国家有关标准，定期对城市公共电车触线网、馈线网、整流站等供配电设施进行维护，保证其正常使用，并按照国家有关规定设立保护标识。

第三十八条 乘客应当遵守乘车规则，文明乘车，不得在城市公共汽电车客运车辆或者场站内饮酒、吸烟、乞讨或者乱扔废弃物。

乘客有违反前款行为时，运营企业从业人员应当对乘客进行劝止，劝阻无效的，运营企业从业人员有权拒绝为其提供服务。

第三十九条 乘客应当按照规定票价支付车费，未按规定票价支付的，运营企业从业人员有权要求乘客补交车费，并按照有关规定加收票款。

符合当地优惠乘车条件的乘客，应当按规定出示有效乘车凭证，不能出示的，运营企业从业人员有权要求其按照普通乘客支付车费。

第四十条 有下列情形之一的，乘客可以拒绝支付车费：

（一）运营车辆未按规定公布运营收费标准的；

（二）无法提供车票凭证或者车票凭证不符合规定的；

（三）不按核准的收费标准收费的。

第四十一条 城市公共汽电车客运车辆在运营途中发生故障不能继续运营时，驾驶员、乘务员应当向乘客说明原因，安排改乘同线路后序车辆或者采取其他有效措施疏导乘客，并及时报告运营企业。

第四十二条 进入城市公共汽电车客运场站等服务设施的单位和个人，应当遵守城市公共汽电车场站等服务设施运营管理制度。

第四十三条 运营企业利用城市公共汽电车客运服务设施和车辆设置广告的，应当遵守有关广告管理的法律、法规及标准。广告设置不得有覆盖站牌标识和车辆运营标识、妨碍车辆行驶安全视线等影响运营安全的情形。

第五章　运营安全

第四十四条 运营企业是城市公共汽电车客运安全生产的责任主体。运营企业应当建立健全企业安全生产管理制度，设置安全生产管理机构或者配备专职安全生产管理人员，保障安全生产经费投入，增强突发事件防范和应急处置能力，定期开展安全检查和隐患排查，加强安全乘车和应急知识宣传。

第四十五条 运营企业应当制定城市公共汽电车客运运营安全

操作规程，加强对驾驶员、乘务员等从业人员的安全管理和教育培训。驾驶员、乘务员等从业人员在运营过程中应当执行安全操作规程。

第四十六条 运营企业应当对城市公共汽电车客运服务设施设备建立安全生产管理制度，落实责任制，加强对有关设施设备的管理和维护。

第四十七条 运营企业应当建立城市公共汽电车车辆安全管理制度，定期对运营车辆及附属设备进行检测、维护、更新，保证其处于良好状态。不得将存在安全隐患的车辆投入运营。

第四十八条 运营企业应当在城市公共汽电车车辆和场站醒目位置设置安全警示标志、安全疏散示意图等，并为车辆配备灭火器、安全锤等安全应急设备，保证安全应急设备处于良好状态。

第四十九条 禁止携带违禁物品乘车。运营企业应当在城市公共汽电车主要站点的醒目位置公布禁止携带的违禁物品目录。有条件的，应当在城市公共汽电车车辆上张贴禁止携带违禁物品乘车的提示。

第五十条 运营企业应当依照规定配备安保人员和相应设备设施，加强安全检查和保卫工作。乘客应当自觉接受、配合安全检查。对于拒绝接受安全检查或者携带违禁物品的乘客，运营企业从业人员应当制止其乘车；制止无效的，及时报告公安部门处理。

第五十一条 城市公共交通主管部门应当会同有关部门，定期进行安全检查，督促运营企业及时采取措施消除各种安全隐患。

第五十二条 城市公共交通主管部门应当会同有关部门制定城市公共汽电车客运突发事件应急预案，报城市人民政府批准。

运营企业应当根据城市公共汽电车客运突发事件应急预案，制定本企业的应急预案，并定期演练。

发生安全事故或者影响城市公共汽电车客运运营安全的突发事件时，城市公共交通主管部门、运营企业等应当按照应急预案及时采取应急处置措施。

第五十三条 禁止从事下列危害城市公共汽电车运营安全、扰乱乘车秩序的行为：

（一）非法拦截或者强行上下城市公共汽电车车辆；

（二）在城市公共汽电车场站及其出入口通道擅自停放非城市公共汽电车车辆、堆放杂物或者摆摊设点等；

（三）妨碍驾驶员的正常驾驶；

（四）违反规定进入公交专用道；

（五）擅自操作有警示标志的城市公共汽电车按钮、开关装置，非紧急状态下动用紧急或安全装置；

（六）妨碍乘客正常上下车；

（七）其他危害城市公共汽电车运营安全、扰乱乘车秩序的行为。

运营企业从业人员接到报告或者发现上述行为应当及时制止；制止无效的，及时报告公安部门处理。

第五十四条 任何单位和个人都有保护城市公共汽电车客运服务设施的义务，不得有下列行为：

（一）破坏、盗窃城市公共汽电车车辆、设施设备；

（二）擅自关闭、侵占、拆除城市公共汽电车客运服务设施或者挪作他用；

（三）损坏、覆盖电车供电设施及其保护标识，在电车架线杆、馈线安全保护范围内修建建筑物、构筑物或者堆放、悬挂物品，搭设管线、电（光）缆等；

（四）擅自覆盖、涂改、污损、毁坏或者迁移、拆除站牌；

（五）其他影响城市公共汽电车客运服务设施功能和安全的行为。

第六章 监督检查

第五十五条 城市公共交通主管部门应当建立"双随机"抽查

制度，并定期对城市公共汽电车客运进行监督检查，维护正常的运营秩序，保障运营服务质量。

第五十六条 城市公共交通主管部门有权行使以下监督检查职责：

（一）向运营企业了解情况，要求其提供有关凭证、票据、账簿、文件及其他相关材料；

（二）进入运营企业进行检查，调阅、复制相关材料；

（三）向有关单位和人员了解情况。

城市公共交通主管部门对检查中发现的违法行为，应当当场予以纠正或者要求限期改正；对依法应当给予行政处罚、采取强制措施的行为，应当依法予以处理。

有关单位和个人应当接受城市公共交通主管部门及其工作人员依法实施的监督检查，如实提供有关材料或者说明情况。

第五十七条 城市公共交通主管部门应当建立运营企业服务质量评价制度，定期对运营企业的服务质量进行评价并向社会公布，评价结果作为衡量运营企业运营绩效、发放政府补贴和线路运营权管理等的依据。

对服务质量评价不合格的线路，城市公共交通主管部门应当责令相关运营企业整改。整改不合格，严重危害公共利益，或者造成重大安全事故的，城市公共交通主管部门可以终止其部分或者全部线路运营权的协议内容。

第五十八条 城市公共交通主管部门和运营企业应当分别建立城市公共交通服务投诉受理制度并向社会公布，及时核查和处理投诉事项，并将处理结果及时告知投诉人。

第五十九条 城市公共交通主管部门应当对完成政府指令性运输任务成绩突出，文明服务成绩显著，有救死扶伤、见义勇为等先进事迹的运营企业和相关从业人员予以表彰。

第七章 法律责任

第六十条 未取得线路运营权、未与城市公共交通主管部门签订城市公共汽电车线路特许经营协议,擅自从事城市公共汽电车客运线路运营的,由城市公共交通主管部门责令停止运营,并处2万元以上3万元以下的罚款。

第六十一条 运营企业违反本规定第二十五条、第二十六条规定,未配置符合要求的服务设施和运营标识的,由城市公共交通主管部门责令限期改正;逾期不改正的,处5000元以下的罚款。

第六十二条 运营企业有下列行为之一的,由城市公共交通主管部门责令限期改正;逾期未改正的,处5000元以上1万元以下的罚款:

(一)未定期对城市公共汽电车车辆及其安全设施设备进行检测、维护、更新的;

(二)未在城市公共汽电车车辆和场站醒目位置设置安全警示标志、安全疏散示意图和安全应急设备的;

(三)使用不具备本规定第二十七条规定条件的人员担任驾驶员、乘务员的;

(四)未对拟担任驾驶员、乘务员的人员进行培训、考核的。

第六十三条 运营企业未制定应急预案并组织演练的,由城市公共交通主管部门责令限期改正,并处1万元以下的罚款。

发生影响运营安全的突发事件时,运营企业未按照应急预案的规定采取应急处置措施,造成严重后果的,由城市公共交通主管部门处2万元以上3万元以下的罚款。

第六十四条 城市公共汽电车客运场站和服务设施的日常管理单位未按照规定对有关场站设施进行管理和维护的,由城市公共交通主管部门责令限期改正;逾期未改正的,处1万元以下的罚款。

第六十五条 违法携带违禁物品进站乘车的，或者有本规定第五十三条危害运营安全行为的，运营企业应当报当地公安部门依法处理。

第六十六条 违反本规定第五十四条，有危害城市公共汽电车客运服务设施行为的，由城市公共交通主管部门责令改正，对损坏的设施依法赔偿，并对个人处1000元以下的罚款，对单位处5000元以下的罚款。构成犯罪的，依法追究刑事责任。

第六十七条 城市公共交通主管部门不履行本规定职责、造成严重后果的，或者有其他滥用职权、玩忽职守、徇私舞弊行为的，对负有责任的领导人员和直接责任人员依法给予处分；构成犯罪的，依法追究刑事责任。

第六十八条 地方性法规、政府规章对城市公共汽电车客运违法行为需要承担的法律责任与本规定有不同规定的，从其规定。

第八章 附 则

第六十九条 县（自治县、旗、自治旗、团场）开通公共汽电车客运的，参照适用本规定。

第七十条 经相关城市人民政府协商开通的毗邻城市间公共汽电车客运，参照适用本规定。

第七十一条 本规定自2017年5月1日起施行。

基础设施和公用事业特许经营管理办法

中华人民共和国国家发展和改革委员会
中华人民共和国财政部
中华人民共和国住房和城乡建设部
中华人民共和国交通运输部
中华人民共和国水利部
中国人民银行令
第 25 号

《基础设施和公用事业特许经营管理办法》业经国务院同意，现予以发布，自 2015 年 6 月 1 日起施行。

国家发展改革委主任
财政部部长
住房城乡建设部部长
交通运输部部长
水利部部长
人民银行行长
2015 年 4 月 25 日

第一章 总 则

第一条 为鼓励和引导社会资本参与基础设施和公用事业建设运营，提高公共服务质量和效率，保护特许经营者合法权益，保障社会公共利益和公共安全，促进经济社会持续健康发展，制定本办法。

第二条 中华人民共和国境内的能源、交通运输、水利、环境保护、市政工程等基础设施和公用事业领域的特许经营活动，适用本办法。

第三条 本办法所称基础设施和公用事业特许经营，是指政府采用竞争方式依法授权中华人民共和国境内外的法人或者其他组织，通过协议明确权利义务和风险分担，约定其在一定期限和范围内投资建设运营基础设施和公用事业并获得收益，提供公共产品或者公共服务。

第四条 基础设施和公用事业特许经营应当坚持公开、公平、公正，保护各方信赖利益，并遵循以下原则：

（一）发挥社会资本融资、专业、技术和管理优势，提高公共服务质量效率；

（二）转变政府职能，强化政府与社会资本协商合作；

（三）保护社会资本合法权益，保证特许经营持续性和稳定性；

（四）兼顾经营性和公益性平衡，维护公共利益。

第五条 基础设施和公用事业特许经营可以采取以下方式：

（一）在一定期限内，政府授予特许经营者投资新建或改扩建、运营基础设施和公用事业，期限届满移交政府；

（二）在一定期限内，政府授予特许经营者投资新建或改扩建、拥有并运营基础设施和公用事业，期限届满移交政府；

（三）特许经营者投资新建或改扩建基础设施和公用事业并移

交政府后,由政府授予其在一定期限内运营;

(四)国家规定的其他方式。

第六条 基础设施和公用事业特许经营期限应当根据行业特点、所提供公共产品或服务需求、项目生命周期、投资回收期等综合因素确定,最长不超过30年。对于投资规模大、回报周期长的基础设施和公用事业特许经营项目(以下简称特许经营项目)可以由政府或者其授权部门与特许经营者根据项目实际情况,约定超过前款规定的特许经营期限。

第七条 国务院发展改革、财政、国土、环保、住房城乡建设、交通运输、水利、能源、金融、安全监管等有关部门按照各自职责,负责相关领域基础设施和公用事业特许经营规章、政策制定和监督管理工作。县级以上地方人民政府发展改革、财政、国土、环保、住房城乡建设、交通运输、水利、价格、能源、金融监管等有关部门根据职责分工,负责有关特许经营项目实施和监督管理工作。

第八条 县级以上地方人民政府应当建立各有关部门参加的基础设施和公用事业特许经营部门协调机制,负责统筹有关政策措施,并组织协调特许经营项目实施和监督管理工作。

第二章 特许经营协议订立

第九条 县级以上人民政府有关行业主管部门或政府授权部门(以下简称项目提出部门)可以根据经济社会发展需求,以及有关法人和其他组织提出的特许经营项目建议等,提出特许经营项目实施方案。特许经营项目应当符合国民经济和社会发展总体规划、主体功能区规划、区域规划、环境保护规划和安全生产规划等专项规划、土地利用规划、城乡规划、中期财政规划等,并且建设运营标准和监管要求明确。项目提出部门应当保证特许经营项目的完整性和连续性。

第十条 特许经营项目实施方案应当包括以下内容：

（一）项目名称；

（二）项目实施机构；

（三）项目建设规模、投资总额、实施进度，以及提供公共产品或公共服务的标准等基本经济技术指标；

（四）投资回报、价格及其测算；

（五）可行性分析，即降低全生命周期成本和提高公共服务质量效率的分析估算等；

（六）特许经营协议框架草案及特许经营期限；

（七）特许经营者应当具备的条件及选择方式；

（八）政府承诺和保障；

（九）特许经营期限届满后资产处置方式；

（十）应当明确的其他事项。

第十一条 项目提出部门可以委托具有相应能力和经验的第三方机构，开展特许经营可行性评估，完善特许经营项目实施方案。需要政府提供可行性缺口补助或者开展物有所值评估的，由财政部门负责开展相关工作。具体办法由国务院财政部门另行制定。

第十二条 特许经营可行性评估应当主要包括以下内容：

（一）特许经营项目全生命周期成本、技术路线和工程方案的合理性，可能的融资方式、融资规模、资金成本，所提供公共服务的质量效率，建设运营标准和监管要求等；

（二）相关领域市场发育程度，市场主体建设运营能力状况和参与意愿；

（三）用户付费项目公众支付意愿和能力评估。

第十三条 项目提出部门依托本级人民政府根据本办法第八条规定建立的部门协调机制，会同发展改革、财政、城乡规划、国土、环保、水利等有关部门对特许经营项目实施方案进行审查。经审查认为实施方案可行的，各部门应当根据职责分别出具书面审查意见。项目提出部门综合各部门书面审查意见，报本级人民政府或其授权部门审定特许经营项目实施方案。

第十四条　县级以上人民政府应当授权有关部门或单位作为实施机构负责特许经营项目有关实施工作，并明确具体授权范围。

第十五条　实施机构根据经审定的特许经营项目实施方案，应当通过招标、竞争性谈判等竞争方式选择特许经营者。特许经营项目建设运营标准和监管要求明确、有关领域市场竞争比较充分的，应当通过招标方式选择特许经营者。

第十六条　实施机构应当在招标或谈判文件中载明是否要求成立特许经营项目公司。

第十七条　实施机构应当公平择优选择具有相应管理经验、专业能力、融资实力以及信用状况良好的法人或者其他组织作为特许经营者。鼓励金融机构与参与竞争的法人或其他组织共同制定投融资方案。特许经营者选择应当符合内外资准入等有关法律、行政法规规定。依法选定的特许经营者，应当向社会公示。

第十八条　实施机构应当与依法选定的特许经营者签订特许经营协议。需要成立项目公司的，实施机构应当与依法选定的投资人签订初步协议，约定其在规定期限内注册成立项目公司，并与项目公司签订特许经营协议。

特许经营协议应当主要包括以下内容：

（一）项目名称、内容；

（二）特许经营方式、区域、范围和期限；

（三）项目公司的经营范围、注册资本、股东出资方式、出资比例、股权转让等；

（四）所提供产品或者服务的数量、质量和标准；

（五）设施权属，以及相应的维护和更新改造；

（六）监测评估；

（七）投融资期限和方式；

（八）收益取得方式，价格和收费标准的确定方法以及调整程序；

（九）履约担保；

（十）特许经营期内的风险分担；

（十一）政府承诺和保障；

（十二）应急预案和临时接管预案；

（十三）特许经营期限届满后，项目及资产移交方式、程序和要求等；

（十四）变更、提前终止及补偿；

（十五）违约责任；

（十六）争议解决方式；

（十七）需要明确的其他事项。

第十九条 特许经营协议根据有关法律、行政法规和国家规定，可以约定特许经营者通过向用户收费等方式取得收益。

向用户收费不足以覆盖特许经营建设、运营成本及合理收益的，可由政府提供可行性缺口补助，包括政府授予特许经营项目相关的其它开发经营权益。

第二十条 特许经营协议应当明确价格或收费的确定和调整机制。特许经营项目价格或收费应当依据相关法律、行政法规规定和特许经营协议约定予以确定和调整。

第二十一条 政府可以在特许经营协议中就防止不必要的同类竞争性项目建设、必要合理的财政补贴、有关配套公共服务和基础设施的提供等内容作出承诺，但不得承诺固定投资回报和其他法律、行政法规禁止的事项。

第二十二条 特许经营者根据特许经营协议，需要依法办理规划选址、用地和项目核准或审批等手续的，有关部门在进行审核时，应当简化审核内容，优化办理流程，缩短办理时限，对于本部门根据本办法第十三条出具书面审查意见已经明确的事项，不再作重复审查。实施机构应当协助特许经营者办理相关手续。

第二十三条 国家鼓励金融机构为特许经营项目提供财务顾问、融资顾问、银团贷款等金融服务。政策性、开发性金融机构可以给予特许经营项目差异化信贷支持，对符合条件的项目，贷款期限最长可达30年。探索利用特许经营项目预期收益质押贷款，支持利用相关收益作为还款来源。

第二十四条 国家鼓励通过设立产业基金等形式入股提供特许经营项目资本金。鼓励特许经营项目公司进行结构化融资，发行项目收益票据和资产支持票据等。国家鼓励特许经营项目采用成立私募基金，引入战略投资者，发行企业债券、项目收益债券、公司债券、非金融企业债务融资工具等方式拓宽投融资渠道。

第二十五条 县级以上人民政府有关部门可以探索与金融机构设立基础设施和公用事业特许经营引导基金，并通过投资补助、财政补贴、贷款贴息等方式，支持有关特许经营项目建设运营。

第三章 特许经营协议履行

第二十六条 特许经营协议各方当事人应当遵循诚实信用原则，按照约定全面履行义务。除法律、行政法规另有规定外，实施机构和特许经营者任何一方不履行特许经营协议约定义务或者履行义务不符合约定要求的，应当根据协议继续履行、采取补救措施或者赔偿损失。

第二十七条 依法保护特许经营者合法权益。任何单位或者个人不得违反法律、行政法规和本办法规定，干涉特许经营者合法经营活动。

第二十八条 特许经营者应当根据特许经营协议，执行有关特许经营项目投融资安排，确保相应资金或资金来源落实。

第二十九条 特许经营项目涉及新建或改扩建有关基础设施和公用事业的，应当符合城乡规划、土地管理、环境保护、质量管理、安全生产等有关法律、行政法规规定的建设条件和建设标准。

第三十条 特许经营者应当根据有关法律、行政法规、标准规范和特许经营协议，提供优质、持续、高效、安全的公共产品或者公共服务。

第三十一条 特许经营者应当按照技术规范，定期对特许经营项目设施进行检修和保养，保证设施运转正常及经营期限届满后资产按规定进行移交。

第三十二条 特许经营者对涉及国家安全的事项负有保密义务，并应当建立和落实相应保密管理制度。实施机构、有关部门及其工作人员对在特许经营活动和监督管理工作中知悉的特许经营者商业秘密负有保密义务。

第三十三条 实施机构和特许经营者应当对特许经营项目建设、运营、维修、保养过程中有关资料，按照有关规定进行归档保存。

第三十四条 实施机构应当按照特许经营协议严格履行有关义务，为特许经营者建设运营特许经营项目提供便利和支持，提高公共服务水平。行政区划调整，政府换届、部门调整和负责人变更，不得影响特许经营协议履行。

第三十五条 需要政府提供可行性缺口补助的特许经营项目，应当严格按照预算法规定，综合考虑政府财政承受能力和债务风险状况，合理确定财政付费总额和分年度数额，并与政府年度预算和中期财政规划相衔接，确保资金拨付需要。

第三十六条 因法律、行政法规修改，或者政策调整损害特许经营者预期利益，或者根据公共利益需要，要求特许经营者提供协议约定以外的产品或服务的，应当给予特许经营者相应补偿。

第四章　特许经营协议变更和终止

第三十七条　在特许经营协议有效期内，协议内容确需变更的，协议当事人应当在协商一致基础上签订补充协议。如协议可能对特许经营项目的存续债务产生重大影响的，应当事先征求债权人同意。特许经营项目涉及直接融资行为的，应当及时做好相关信息披露。特许经营期限届满后确有必要延长的，按照有关规定经充分评估论证，协商一致并报批准后，可以延长。

第三十八条　在特许经营期限内，因特许经营协议一方严重违约或不可抗力等原因，导致特许经营者无法继续履行协议约定义务，或者出现特许经营协议约定的提前终止协议情形的，在与债权人协商一致后，可以提前终止协议。特许经营协议提前终止的，政府应当收回特许经营项目，并根据实际情况和协议约定给予原特许经营者相应补偿。

第三十九条　特许经营期限届满终止或提前终止的，协议当事人应当按照特许经营协议约定，以及有关法律、行政法规和规定办理有关设施、资料、档案等的性能测试、评估、移交、接管、验收等手续。

第四十条　特许经营期限届满终止或者提前终止，对该基础设施和公用事业继续采用特许经营方式的，实施机构应当根据本办法规定重新选择特许经营者。因特许经营期限届满重新选择特许经营者的，在同等条件下，原特许经营者优先获得特许经营。新的特许经营者选定之前，实施机构和原特许经营者应当制定预案，保障公共产品或公共服务的持续稳定提供。

第五章　监督管理和公共利益保障

第四十一条　县级以上人民政府有关部门应当根据各自职责，

对特许经营者执行法律、行政法规、行业标准、产品或服务技术规范，以及其他有关监管要求进行监督管理，并依法加强成本监督审查。县级以上审计机关应当依法对特许经营活动进行审计。

第四十二条　县级以上人民政府及其有关部门应当根据法律、行政法规和国务院决定保留的行政审批项目对特许经营进行监督管理，不得以实施特许经营为名违法增设行政审批项目或审批环节。

第四十三条　实施机构应当根据特许经营协议，定期对特许经营项目建设运营情况进行监测分析，会同有关部门进行绩效评价，并建立根据绩效评价结果、按照特许经营协议约定对价格或财政补贴进行调整的机制，保障所提供公共产品或公共服务的质量和效率。实施机构应当将社会公众意见作为监测分析和绩效评价的重要内容。

第四十四条　社会公众有权对特许经营活动进行监督，向有关监管部门投诉，或者向实施机构和特许经营者提出意见建议。

第四十五条　县级以上人民政府应当将特许经营有关政策措施、特许经营部门协调机制组成以及职责等信息向社会公开。实施机构和特许经营者应当将特许经营项目实施方案、特许经营者选择、特许经营协议及其变更或终止、项目建设运营、所提供公共服务标准、监测分析和绩效评价、经过审计的上年度财务报表等有关信息按规定向社会公开。特许经营者应当公开有关会计数据、财务核算和其他有关财务指标，并依法接受年度财务审计。

第四十六条　特许经营者应当对特许经营协议约定服务区域内所有用户普遍地、无歧视地提供公共产品或公共服务，不得对新增用户实行差别待遇。

第四十七条　实施机构和特许经营者应当制定突发事件应急预案，按规定报有关部门。突发事件发生后，及时启动应急预案，保障公共产品或公共服务的正常提供。

第四十八条　特许经营者因不可抗力等原因确实无法继续履行

特许经营协议的，实施机构应当采取措施，保证持续稳定提供公共产品或公共服务。

第六章 争议解决

第四十九条 实施机构和特许经营者就特许经营协议履行发生争议的，应当协商解决。协商达成一致的，应当签订补充协议并遵照执行。

第五十条 实施机构和特许经营者就特许经营协议中的专业技术问题发生争议的，可以共同聘请专家或第三方机构进行调解。调解达成一致的，应当签订补充协议并遵照执行。

第五十一条 特许经营者认为行政机关作出的具体行政行为侵犯其合法权益的，有陈述、申辩的权利，并可以依法提起行政复议或者行政诉讼。

第五十二条 特许经营协议存续期间发生争议，当事各方在争议解决过程中，应当继续履行特许经营协议义务，保证公共产品或公共服务的持续性和稳定性。

第七章 法律责任

第五十三条 特许经营者违反法律、行政法规和国家强制性标准，严重危害公共利益，或者造成重大质量、安全事故或者突发环境事件的，有关部门应当责令限期改正并依法予以行政处罚；拒不改正、情节严重的，可以终止特许经营协议；构成犯罪的，依法追究刑事责任。

第五十四条 以欺骗、贿赂等不正当手段取得特许经营项目的，应当依法收回特许经营项目，向社会公开。

第五十五条 实施机构、有关行政主管部门及其工作人员不履行法定职责、干预特许经营者正常经营活动、徇私舞弊、滥用职权、玩忽职守的,依法给予行政处分;构成犯罪的,依法追究刑事责任。

第五十六条　县级以上人民政府有关部门应当对特许经营者及其从业人员的不良行为建立信用记录,纳入全国统一的信用信息共享交换平台。对严重违法失信行为依法予以曝光,并会同有关部门实施联合惩戒。

第八章　附　则

第五十七条　基础设施和公用事业特许经营涉及国家安全审查的,按照国家有关规定执行。

第五十八条　法律、行政法规对基础设施和公用事业特许经营另有规定的,从其规定。本办法实施之前依法已经订立特许经营协议的,按照协议约定执行。

第五十九条　本办法由国务院发展改革部门会同有关部门负责解释。

第六十条　本办法自2015年6月1日起施行。